In dieser Reihe sind
bisher erschienen:

Richtig Aerobic
Richtig Aikido
Richtig Badminton
Richtig Basketball
Richtig Bergsteigen
Richtig Body-Styling
Richtig Carven
Richtig Fahrtensegeln
Richtig Fitness-Skating
Richtig Fußball
Richtig Golf
Richtig Golf länger und genauer
Richtig Golf rund ums Grün
Richtig Handball
Richtig Hanteltraining
Richtig Hochtouren
Richtig Inline-Skating
Richtig Jogging
Richtig Judo
Richtig Kanufahren
Richtig Karate
Richtig Marathon
Richtig Mountainbiken
Richtig Muskeltraining

Richtig Paragliding
Richtig Qi Gong
Richtig Reiten
Richtig Rennradfahren
Richtig Sanftes Krafttraining
Richtig Schwimmen
Richtig Segeln
Richtig Skitouren
Richtig Snowboarding
Richtig Sporternährung
Richtig Sportklettern
Richtig Stretching
Richtig Taekwondo
Richtig Tai-Bo
Richtig Tanzen Lateinamerikanische Tänze
Richtig Tanzen Modetänze
Richtig Tanzen Standardtänze
Richtig Tauchen
Richtig Tennis
Richtig Tennistraining
Richtig Tischtennis
Richtig Torwarttraining
Richtig Trainieren im Fitness-Studio
Richtig Triathlon
Richtig Volleyball
Richtig Walking
Richtig Yoga

W0172168

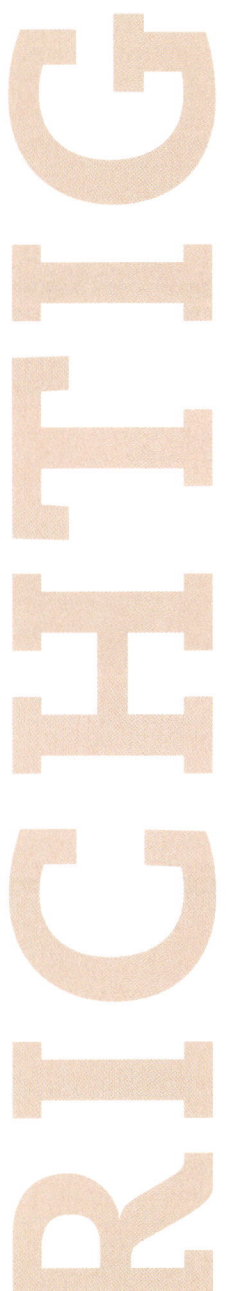

BLV SPORTPRAXIS TOP

Dieter Beh
Johannes Weingart

Qi Gong

mit osteopathischen Übungen

Bibliographische Information
Der Deutschen Bibliothek

Die Deutsche Bibliothek verzeichnet diese
Publikation in der Deutschen Nationalbiblio-
graphie; detaillierte bibliographische Daten
sind im Internet über http://dnb.ddb.de
abrufbar.

Dieter Beh ist Sporttherapeut und stellvertre-
tender Leiter des Therapeutischen Bewe-
gungszentrums der Waldburg-Zeil Kliniken in
Isny-Neutrauchburg sowie Taiji- und Qi-Gong-
Lehrer. Seine Grundausbildung in dieser Be-
wegungsform hatte er bei PD Dr. K. Moegling
(IFBUB). Der Autor unterrichtet seit über zehn
Jahren Qi Gong und Taiji quan.

Dr. med. Johannes Weingart ist Facharzt für
Innere Medizin, Physikalische und Rehabili-
tative Medizin, Sportmedizin und spezielle
Schmerztherapie. Er ist Verfechter des ganz-
heitlichen Ansatzes medizinischer Denkweise
und vertiefte vor 15 Jahren am College of
Osteopathic Medicine in Philadelphia sein
Wissen, wurde Gründungsmitglied der
Deutsch-Amerikanischen Akademie für
Osteopathie und ist heute Fakultätsmitglied
der University of Philadelphia.

BLV Verlagsgesellschaft mbH
München Wien Zürich
80797 München

BLV Sportpraxis Top

© BLV Verlagsgesellschaft mbH,
München 2003

Lektorat: Edith Ch. Kiel/Dr. Christa Söhl
Layoutkonzeption: Parzhuber & Partner
Layout und DTP: Gaby Herbrecht, München
Umschlaggestaltung: Joko Sander Werbe-
agentur, München
Herstellung: Rosemarie Schmid

Gedruckt auf chlorfrei gebleichtem Papier

Printed in Germany · ISBN 3-405-16504-0

Bildnachweis
Alle Fotos von Ulli Seer; außer:
S. 28 (Mauritius), S. 36 (Stockfood)
Umschlagfotos: Ulli Seer
Grafiken: Jörg Mair

Hinweis
Das vorliegende Buch wurde sorgfältig und
nach neuesten Erkenntnissen der Wissen-
schaft erarbeitet. Dennoch erfolgen alle
Angaben ohne Gewähr. Weder Autor noch
Verlag können für eventuelle Nachteile
oder Schäden, die aus den im Buch gege-
benen praktischen Hinweisen resultieren,
eine Haftung übernehmen.

VORWORT

Von Ulrich Pramann

Gibst du einem Mann einen Fisch,
so ernährt er sich einen Tag.
Lehrst du ihn aber das Fischen,
dann kann er sich sein Leben lang ernähren.
Weisheit

Wissen Sie noch, wie Sie sich vor Ihrem letzten Urlaub gefühlt haben? Abgespannt, ausgelaugt, nahezu ohne Energie – war es so?
Und was haben Sie sich in dieser Situation besonders gewünscht? Sicher wollten Sie raus aus der Alltagsmühle, mal wieder etwas anderes sehen, einfach nur die Seele baumeln lassen, und vor allem auftanken – richtig?
Wie oft fühlen wir uns überlastet, überanstrengt, überfordert, abgekämpft, zerschlagen, schlapp, ziemlich fertig, leer. Es gibt viele Namen und Nuancen für diesen Zustand: Lustlosigkeit, Antriebslosigkeit, Erschöpfung, Ausgebranntsein (Burnout-Syndrom), Depression. Manchmal bemerken Freunde: »Dein Tank ist wohl ziemlich leer?«.

Pack den Tiger in den Tank

Wenn es um das Auto geht, kennen wir uns aus. Wir wissen alle: Es braucht Kraftstoff. Was nützen das teuerste Auto, die schönsten Reisepläne, wenn zu wenig Benzin im Tank ist. Dann kämen wir nicht weit. Ebenso ist uns klar: Wenn wir ständig mit Höchstgeschwindigkeit fahren, kostet das eine Menge Treibstoff. Und wir wissen, mit vernünftigem Tempo ließe sich erheblich Sprit sparen, wir kämen mit derselben Menge Energie deutlich weiter.
Ja, mit unserem Auto kennen wir uns aus. Und die meisten Menschen gehen sorgsam mit ihm um.
Aber, wie gehen wir mit uns selbst um, mit unserem Körper, mit unseren Energievorräten? Oftmals ziemlich sorglos. Die Quittung dafür ist unvermeidlich. Viele klagen über körperliche und geistige Erschöpfung, über fehlenden Antrieb und schließlich werden sie depressiv.

Energie ist mehr als nur Power

In diesem Buch beschreiben die Autoren deutlich, wie einfach jeder sein Leben in andere Bahnen lenken kann, um mehr Energie für die täglichen Aufgaben und Herausforderungen zu gewinnen.
Energie wird in unserer modernen Gesellschaft von vielen mit Power gleichgesetzt. Power entwickelte sich zum Zauberwort. Ohne sie kann man sich nicht behaupten, ohne dauerhafte Höchstleistung besteht kaum Chance auf Karriere.
Wie gut, dass heute viele Menschen Energie und Power differenziert und in einem neuem Licht betrachten. Nein, Energie ist nicht dasselbe wie Power.

Energie ist mehr. Energie bedeutet Lebensenergie und ist jene Kraft, die uns gesund macht und gesund erhält.

Die Rechnung ist einfach: Je mehr Lebensenergie wir haben, desto gesünder, ausgeglichener und glücklicher sind wir. Nur wenn wir über genügend Energie verfügen, können wir klar denken und handeln – und unsere Ziele im Leben erreichen.

Sie erfüllt uns mit der Leichtigkeit, die wir uns so sehr wünschen. Wir suchen Situationen, die uns neue Energie geben, statt zu verschlingen. Immer mehr Menschen sind neuen Energiequellen gegenüber sehr aufgeschlossen: zum Beispiel für östliche Methoden und Techniken, die spürbar und nachhaltig Energie geben. Interessanterweise sind die meisten dieser Techniken (Yoga, Shiatsu, Taiji quan, Qi Gong) sehr alt.

»Alles fließt«

Viele Menschen sind auch längst mit jener Energieformel vertraut, die einst der griechische Philosoph Heraklit prägte: »Alles fließt.«

Solange der Energiefluss ungestört ist, fühlen wir uns wohl und das Krankheitsrisiko ist gering. Ähnlich wie Abfall verunreinigen Risikofaktoren (Umweltgifte, Nahrungsfette, zu viel Alkohol und Zucker) den Energiefluss. Das geht lange Zeit gut – so lange, bis zum Beispiel in einem Fluss ein größeres Problem auftaucht, etwa ein umgestürzter Baum, an dem sich jetzt der Abfall staut. Solche Probleme und Energiefresser treten im richtigen Leben in Form von Stress oder Ärger oder Angst auf. Sie können einen Stau im Energiefluss verursachen – und der macht sich dann im Körper als Krankheit bemerkbar.

Qi: Lebensenergie und schöpferische Kraft

Das chinesische Wort für Energie ist »Qi« oder »Chi« (sprich: Tschi), was u.a. Luft, Atem oder Wind bedeutet. Im ursprünglichen Verständnis ist Qi die Luft, die wir atmen, die Atmosphäre um uns herum und die Nahrung, die wir zu uns nehmen. Qi – das sind aber auch Gefühle und Empfindungen, die uns berühren, anrühren. Qi – das sind die Kräfte des Universums, das ist schöpferische Kraft, das ist universelle Lebensenergie. Wir kennen das Wort von den Begriffen Qi Gong, dieser jahrtausendealten Bewegungslehre – und Taiji quan.

Energiewelten verbinden

In diesem Buch findet der Leser umfassende Informationen nicht nur über Qi Gong, sondern auch über Osteopathie. Dieses Wissen haben die Autoren in über zehn Jahren praktischer Arbeit gesammelt und erfolgreich umgesetzt. Sie verfolgen in diesem Buch ein faszinierendes Ziel: das Verbinden von Energiewelten. Sie gehen neue Wege und schlagen eine Brücke zwischen der altchinesischen Selbst-Übe-Methode

Qi Gong und der klassischen Fremd-
behandlungsmethode Osteopathie.
Beide energetischen Übungssysteme,
so scheint es, haben auf den ersten
Blick nichts miteinander zu tun, denn
sie haben ihre Wurzeln in völlig unterschiedlichen Kulturen.

Qi Gong hat sich lang vor unserer Zeit-
rechnung im alten China entwickelt.
Diese meditativen Bewegungs- und
Atemübungen führen zu einer inneren
Konzentration, mit deren Hilfe Körper-
energie aufgebaut und harmonisiert
werden kann und zum Zentrum des
Körpers zurückgeführt wird.

Osteopathie wurde im 19. Jahrhundert
von einem Arzt namens Dr. Andrew
Taylor Still aus Virginia entwickelt. Es
handelt sich um eine holistische, den
gesamten Körper umfassende Therapieform – Skelett, Muskeln, Bänder, Gelenke – um Schmerzen zu lindern, die
Beweglichkeit der Gelenke zu verbessern und die völlige Gesundheit des
Patienten wieder herzustellen.

Vielleicht stehen Puristen mit dem neu-
en Ansatz der beiden Autoren mit Skep-
sis gegenüber: dem Versuch, eine
Brücke zu schlagen zwischen Qi Gong
aus dem alten China und Osteopathie
aus der neuen Welt.

Doch dieser Versuch gelingt.

Letztlich wollen beide Verfahren eines
erreichen: den gestörten Energiefluss
im Körper lösen, die Ursache für zahl-
reiche Beschwerden und Krankheiten.
Die kluge Kombination beider Verfahren, wie sie in diesem Buch vorgestellt
wird, verspricht noch bessere Resultate
Hinzu kommt ein Anliegen der Autoren,
das verdienstvoll ist: Sie wollen dem
Leser keinen Fisch verkaufen, sondern
sie wollen helfen, das Fischen zu lernen.

Ulrich Pramann beschäftigt sich seit
25 Jahren mit den Themen Sport, Gesundheit, Fitness und Karriere. Er war
von 1995 bis 2001 Chefredakteur und
Herausgeber des Aktivmagazins Fit for
Fun und ist heute erfolgreicher Buch-
autor u. a. von *Perfektes Lauftraining,
Mehr Energie fürs Leben, So haben Sie
Erfolg, Lauf dich schlank!*

NEUE WEGE ZU MEHR VITALITÄT UND LEBENSFREUDE

Der Wille zur Veränderung

Wir hören es häufig von Bekannten, wir lesen es täglich in der Zeitung, und insgeheim fürchten wir, dass es uns irgendwann vielleicht selbst betrifft: Der Stress und die vielen Verpflichtungen fressen uns auf, wir glauben, den täglichen Anforderungen nicht mehr gewachsen zu sein. Das geht so weit, dass wir allem und jedem gegenüber apathisch werden – wir brennen innerlich aus.

Und die Konsequenz? Vielleicht fassen wir an solchen Tagen den Entschluss: Nein, das passiert dir nicht. Und dann nehmen wir uns vor, etwas in unserem Leben zu ändern. Vielleicht träumen wir wieder davon, wie wir vor Kraft und Energie strotzen, um unsere Existenz mit Leben zu erfüllen.

Und am nächsten Tag? Unsere Pläne sind in weite Ferne gerückt und wir gehen zur Tagesordnung über. Wie Seifenblasen zerplatzen alle Illusionen über ein sinnvolles und erfüllteres Leben und es bleibt etwas Bedrückendes in uns zurück: Resignation.

Lassen Sie das nicht länger zu – wagen Sie etwas Neues. Starten Sie durch. Holen Sie sich die Energie,

diese Lebensfreude und innere Ruhe, von der Sie insgeheim träumen.

Den Weg dorthin möchten wir Ihnen aufzeigen – und möglichst leicht machen. Es ist leichter als Sie glauben, nur der erste Schritt ist schwer. Aber Sie wissen ja: *Auch eine Reise von tausend Meilen beginnt mit einem ersten Schritt*

Weshalb Ziele so wichtig sind

Stellen Sie sich einmal vor, Ihr Körper ist erfüllt mit wohliger Wärme. Sie spüren ein sanftes Kribbeln, es entwickelt sich eine Kraft, wie sie nur von imposanten Bäumen ausgeht.

Stellen Sie sich vor, sie liegen ganz entspannt unter einem dieser Bäume und da kommt eine kleine Feder langsam angeflogen. Mit zartem Pusten gelingt es Ihnen, dieses zierliche Ding in der Luft zu halten. Ohne jede Anstrengung schwebt die Feder über Ihnen, fast schwerelos. Halten Sie dieses Bild für einen Moment fest!

Was würde sich bei Ihnen wohl alles ändern, wenn Sie sich einem solchen wunderbaren Zustand der kraftvollen Ruhe und Leichtigkeit nähern würden? Ganz, ganz viel, oder?

Wenn wir für uns ein Ziel formulieren, steckt immer der Gedanke dahinter, dass wir etwas erreichen wollen. Wenn es sich um ein größeres Ziel handelt, fragen wir uns, was sich wohl alles in unserem Leben ändern würde, wenn wir dieses Ziel erreichen.

Die entscheidende Frage aber wäre, woran merken wir, dass wir unser Ziel erreicht haben?
Die Antwort: Wenn Sie die eigene Mitte in Ihrem Leben wieder gefunden haben.

Zum Mittelpunkt zurückfinden

Jede einzelne Stunde im Leben ist wichtig und jeder Tag ist erfüllt mit Dingen, die wir für andere tun. Jeder Tag sollte aber auch ein paar Minuten beinhalten, in denen Sie im absoluten Mittelpunkt stehen. Keine Zeit?
Woher nehmen dann Menschen, die vielleicht noch mehr Pflichten und Termine haben als wir, die Kraft und Motivation, täglich für sich selbst etwas zu tun? Das lateinische Wort Motivation bedeutet »bewegen«. Menschen, die sich täglich für kurze Zeit in den Mittelpunkt ihres Handelns stellen, wissen: Nur wenn es mir gut geht, kann ich etwas bewegen.
Und sie bewegen etwas.

Die eigene Motivation wird getragen und vorangetrieben von unseren Zielen. Diese Ziele, setzen Energien frei. Sie müssen aber von uns selbst kommen – von innen heraus. Die Motivation, sich selbst jeden Tag ein paar Minuten dem Alltag zu entreißen, können Sie nur in sich selbst finden.

Das tägliche Qi-Gong-Programm

Das Leben besteht oftmals aus Gewohnheiten und Ausreden: keine Zeit, keine Lust, keine Energie, die anderen machen es auch nicht, weshalb also ich? Natürlich ist es schwer, etwas in seinem Leben zu verändern und sei man noch so überzeugt von der Notwendigkeit dieser Veränderung. Ist es nicht reizvoll auf Entdeckungsreise zu gehen? Machen Sie sich ab heute jeden Morgen bereit, einen Blick in ein neues Land zu werfen, ein Land, das Sie noch nicht kennen. Dieses Land bietet alles: Energie, Lebensfreude und Gesundheit. Ein wunderbares Reiseziel!
Jetzt müssen Sie nur noch die Entscheidung treffen, dorthin zu starten.

Mit kleinen Schritten dem Ziel entgegen

Veränderungen sind immer schwer. Für viele sind sie wie eine Mauer, die sie nicht verrücken können, geschweige denn überwinden. Aber jede Mauer besteht aus vielen kleinen Steinen. Lösen Sie also einen Stein nach dem anderen heraus und Sie werden sehen, dass Sie dem Ziel immer näher kommen. Wenn Sie es in kleinen Schritten angehen, schaffen Sie es leichter.
Starten Sie mit täglich 5 Minuten in der ersten Woche. Sie werden in der zweiten Woche bereits feststellen können, dass

Sie schon dabei sind Ihre Vorgabe zu übertreffen. Machen Sie sich dies als Erfolg und innere Stärke bewusst.

Kleine Anleitung für das Training

Damit Sie von Ihrem Weg nicht mehr abkommen noch ein paar Tipps.

● Ziehen Sie die Qi-Gong- und Osteopathieübungen nie verbissen durch. Denken Sie daran: Sie sind nicht Sklave Ihrer Idee.

● Sollten Sie zu müde sein, um die Übungen noch im Stehen oder Sitzen durchzuführen, dann machen Sie einfach einige Übungen im Liegen, bevor Sie einschlafen. Sie schlafen besser ein – auch deshalb, weil Sie Ihrem Unterbewusstsein mitgeteilt haben, dass Sie weiterhin auf dem Weg sind.

● Loben Sie sich täglich, wenn Sie es geschafft haben.

● Summen Sie Ihre Melodie häufiger am Tag, Ihr Unterbewusstsein wird sich freuen und Sie an das Üben erinnern.

● Führen Sie sich immer wieder Ihr Zukunftsbild vor Augen.

● Wenn Sie sich leicht und locker fühlen, buchen Sie dieses Gefühl auf Ihr Erfolgskonto – denn was auf diesem Konto ist, bleibt drauf!

Jede Übung gibt Ihnen zusätzlich Energie mit auf den Weg und stärkt Ihre Gesundheit – wahrlich ein gutes Gefühl, so den Tag zu starten oder zu beenden.

Wenn Medizin auf Kampfkunst trifft – der Unterschied von Qi Gong und Taiji quan

»Was ist eigentlich der Unterschied zwischen Qi Gong und Taiji quan?«, diese zentrale Frage wird häufig gestellt. Verkürzt beantwortet: Qi Gong ist älter, einfacher und kommt aus der chinesischen Heilkunde; Taiji quan, in seiner heutigen Form ist jünger, komplexer und hat sich aus der Kampfkunst entwickelt.

Was ist Qi Gong?

Die Ursprünge des Qi Gong liegen bereits weit vor unserer Zeitrechnung. Bei schamanistischen Ritualen und Tänzen wurde festgestellt, dass die harmonischen Bewegungen körperliche

Beschwerden von Teilnehmern linderten oder gar heilten.

Aus diesen Erfahrungen entwickelten sich, unter genauer Beobachtung der Natur allmählich die ersten Übungssammlungen, die primär das Ziel hatten, den menschlichen Organismus in seiner Krankheitsabwehr zu stärken. Auch der Ursprung der Brokatübungen wird in dieser Zeit gesehen. Im Verlauf der Jahrhunderte wurden immer weitere Übungssysteme entwickelt, sodass inzwischen eine Vielzahl von Ihnen weltweit gelehrt werden. Dabei wird im Wesentlichen unterschieden in:

● Spirituell ausgerichtetes Qi Gong, das sich an vorherrschenden Denkschulen orientiert
● Medizinisch ausgerichtetes Qi Gong, das sich an Gesundheit und Krankheit orientiert
● Auf Kampfkunst ausgerichetes Qi Gong orientiert sich an Widerstandsfähigkeit und körperlicher Härte.

Die einfachste Einteilung des Qi Gong ist: Jinggong als »Qi Gong ohne Körperbewegung« und donggong als »Qi Gong mit Körperbewegung«.

»Mit den Händen den Himmel stützen« oder »den Bogen nach rechts und links spannen« – so heißen nur zwei der acht Brokatübungen. Mit diesen Bezeichnungen werden stets Bewusstsein und Unterbewusstsein angesprochen und positiv energetisch beeinflusst.

Welche Bewegungsausführung geht Ihnen durch den Kopf, wenn Sie solche Bezeichnungen lesen? Blättern Sie vor zum Übungsteil (Seiten 85, 89), vergleichen Sie die Bewegungen mit Ihrer Vorstellung davon.

Übrigens: Die Übungen orientieren sich sehr oft an Bewegungen von Tieren, Alltagshandlungen oder Alltagshaltungen. Alle Übungen können Sie überall auf kleinstem Raum durchführen.

Taiji quan

Die Wurzeln des Taiji quan werden zwar auch bereits vor Christi Geburt gesehen. Die eigentliche Blütezeit beginnt jedoch erst Ende des Mittelalters. Über

Jahrhunderte hinweg wurden Stilrichtungen entwickelt, als strenge, familieninterne Geheimlehren, die noch heute gültig sind.

Im Gegensatz zum Qi Gong werden einzelne Bilder zu einem Bewegungsablauf verknüpft, sodass sich der Übende durch den Raum bewegt und gegen einen imaginäre Gegner (Schatten) kämpft, entweder allein oder mit einer Waffe.

Bemühen, um die Lebenskraft zu verbessern oder erhalten« entstehen. Man unterscheidet drei Formen:

➤ Qi aus Nahrung und Wasser
➤ Qi aus der Luft
➤ Qi aus genetischen Anlagen.

> Wenn Qi in ausreichendem Maße vorhanden ist, hat der Körper keine Mühe, sich gegen schwächende Reize zu wehren, zu erholen oder sich an veränderte Bedingungen anzupassen.

Faszination Qi

Sie kennen bestimmt einen Ort, der für Sie eine Kraftquelle ist. Sie haben mit Sicherheit auch schon Witterungseinflüsse als Ursache für unterschiedliche psycho-physische Befindlichkeiten bei sich ausgemacht. Ihnen wurde vielleicht auch schon bescheinigt, die eine oder andere Fähigkeit von einem Elternteil geerbt zu haben. Diese *Kräfte* sind mitbestimmend, wenn es um ihre Gesundheit und ihr Wohlbefinden geht. In der traditionell chinesischen Medizin wird dafür das Wort »*Qi*« verwendet. Man kann den Begriff mit Lebenskraft oder Lebensenergie übersetzen. Dieses Qi wird immer in Verbindung gebracht mit menschlicher Aktivität.

Auch der Begriff »*Gong*« hat mehrere Bedeutungen, u. a. Bemühung, Anstrengung, Fertigkeit. Zusammengesetzt könnte aus *Qi Gong* »Regelmäßiges

Das zentrale Ziel besteht darin, die »Lebenskraft« zu stärken, um die eigene Gesundheit zu erhalten oder wiederherzustellen. Bevor Sie jedoch dieses Ziel erreichen, wird es eine gewisse Zeit dauern. Dennoch können Sie schon während des Lernprozesses positive, für die Gesundheit wichtige Wirkungen erzielen:

● Kräftigung einzelner Muskelpartien
● Verbesserung der Beweglichkeit im Schulterbereich
● Verbesserung der Koordination
● Vertiefung der Atmung
● Entspannung
● Steigerung der Konzentrationsfähigkeit.

Stärkende und schwächende Einflussfaktoren auf den menschlichen Organismus.

Stärkende Faktoren	Schwächende Faktoren
● Atmung	● Bioklimatische Einflüsse
● Bewegung	● Einseitige Gemütslagen
● Ernährung	● Falsche Ernährung
● Genetische Anlagen	● Mangelnde Bewegung

Beispielhafte
Einteilung
einiger
Aspekte in
Yin und Yang

Gegensätze ziehen sich an – Yin und Yang

Yin	Yang
Erde	Himmel
Mond	Sonne
Wasser	Feuer
vorne	hinten
unten	oben
innen	außen
Kälte	Hitze
passiv	aktiv
Schläfrigkeit	Unruhe
kalte Extremitäten	warme Extremitäten

Das bekannteste Zeichen ist das Taiji-Symbol – die Monade. Sie stellt in ein-

facher Form das Prinzip des Yin und Yang dar. Es gibt nicht nur Tag und Nacht, sondern mit der Abend-

Monade = Yin-Yang-Symbol

dämmerung und dem Sonnenaufgang auch Momente des Übergangs.
Yin und Yang sind Gegensatzpaare, die aber keine Wertung ausdrücken. Sie bieten eher eine Orientierung. Bei der Suche nach den Ursachen für ein gesundheitliches Ungleichgewicht können über sie Zusammenhänge erkannt und ein entsprechendes Gegenkonzept

entwickelt werden. Überwiegt ein Aspekt, entsteht ein negativer Einfluss auf den Organismus, der mit Hilfe entsprechender Gegenmaßnahmen bewältigt werden muss. Arbeit, Zeitdruck, Stress, unerreichbare Ziele können zum Beispiel innere Unruhe, Aufgekratztsein, Schlaflosigkeit verursachen.

Negative und positive Einflüsse

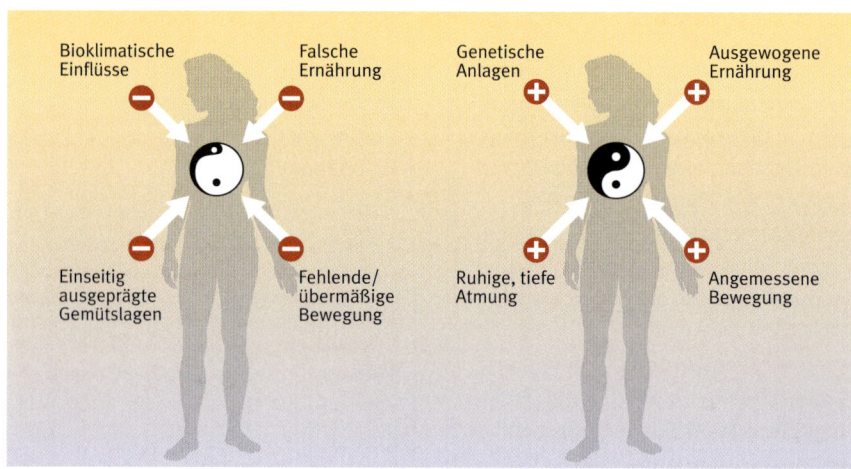

Bioklimatische Einflüsse

Falsche Ernährung

Genetische Anlagen

Ausgewogene Ernährung

Einseitig ausgeprägte Gemütslagen

Fehlende/ übermäßige Bewegung

Ruhige, tiefe Atmung

Angemessene Bewegung

Energiekanäle im Körper – die Meridiane

Mal angenommen, Ihnen ist heiß, Sie haben Fieber. Mit welchen Hausmitteln hätte Ihre Großmutter diese Beschwerden kuriert? Sie hätte vermutlich den altbewährten Wadenwickel bemüht. Ein Kind hätte in Essig getränkte Söckchen anziehen müssen, um die Hitze aus dem Körper zu ziehen.

Und was, wenn Sie ständig frieren, immer kalte Füße haben? Dann wärmt ein warmes Fußbad, eine wärmende Suppe oder heißer Tee.

Ähnliche wie diese äußeren Anwendungen funktionieren Akupunktur, Akupressur und Qi Gong in Bezug auf das energetische Gleichgewicht im Menschen. Sie beeinflussen die 14 Energieleitbahnen (= Meridiane), sie regulieren und harmonisieren die Lebensenergie, je nach Bedarf. Nach Auffassung der Traditionellen Chinesischen Medizin (TCM) fließt in den Meridianen diese Energie, so wie das Wasser in einem Fluss – und zwar 24 Stunden am Tag. Dabei wechselt das Energieniveau im Laufe des Tages. Es gibt Zeiten, da besteht in jedem Organsystem ein Energiemaximum und manchmal arbeitet das Organ nur auf Sparflamme. Wenn Sie folgende Tabelle mit Ihrem Tagesablauf vergleichen, können Sie Tageshochs und -tiefs erklären. Und sicher verstehen Sie jetzt auch, warum ein opulentes Essen am Abend so schwer im Magen liegt.

Meridian	Höhepunkt	Tiefpunkt
Magen	7–9 Uhr	19–21 Uhr
Milz	9–11 Uhr	21–23 Uhr
Herz	11–13 Uhr	23–1 Uhr
Dünndarm	13–15 Uhr	1–3 Uhr
Blase	15–17 Uhr	3–5 Uhr
Niere	17–19 Uhr	5–7 Uhr
Perikard	19–21 Uhr	7–9 Uhr
Dreifacher Erwärmer	21–23 Uhr	9–11 Uhr
Gallenblase	23–1 Uhr	11–13 Uhr
Leber	1–3 Uhr	13–15 Uhr
Lunge	3–5 Uhr	15–17 Uhr
Dickdarm	5–7 Uhr	17–19 Uhr

Tageszeiten, zu denen die einzelnen Organsysteme ihren Aktivitätshöhepunkt und -tiefpunkt haben

Die Verbindung von innen und außen

Das Leitbahnensystem befindet sich in der Peripherie zwischen Muskulatur und Unterhautfettgewebe.

Sechs Leitbahnen verlaufen auf der Körpervorderseite (Yin-Leitbahnen), sechs Leitbahnen ziehen über die Rückseite (Yang-Leitbahnen), zusätzlich verläuft in der Körpermitte ein Meridian über den Rücken und einer nochmals über die Körpervorderseite. Alle haben eine enge Wechselbeziehung zu einem inneren Organ.

Es besteht damit eine Verbindung der Innenwelt mit der Außenwelt – und diese Verbindung machen wir uns in der Akupunktur, Akupressur und im Qi Gong zu Nutze. Wenn Sie schon einmal eine Akupunkturbehandlung erhalten haben, dann wissen Sie, dass auf diesen Linien mehr als 300 Punkte liegen, die zum einen unterschiedliche Funktionen haben und zum anderen unterschiedlichen Beschwerdebildern zugeordnet sind. Über die Nadeln versucht der Arzt ein energetisches Ungleichgewicht im Körper zu regulieren. Qi Gong möchte letztlich genau dasselbe erreichen, nämlich eine Harmonisierung der Lebenskraft. Der Zugang erfolgt primär über die Bewegung – dehnende und anspannende, gelenköffnende und gelenkschließende Impulse – , Ihre Atmung und über Ihre Vorstellungskraft (vgl. »Mit der Kraft der Gedanken zu Ruhe und Energie«).

Qi Gong ist leicht zu lernen

Qi Gong können Sie leicht selbst durchführen – das ist der große Vorteil. Allerdings benötigen Sie Geduld: Die gewünschten Effekte lassen auf sich warten, da der Einfluss nicht so direkt erfolgt wie bei der Akupunktur.
Qi Gong wird Sie begeistern, wie inzwischen viele andere Menschen. Immer mehr Spitzenmanager namhafter Firmen praktizieren Qi Gong. Nach einem Marathontag können Qi-Gong-Übungen innerhalb weniger Minuten einen Erschöpften wieder in ein Energiebündel verwandeln: 12 Stunden harte Arbeit fallen quasi in 12 Minuten von ihm ab.

Die 14 Meridiane

Im Folgenden werden kurz die Meridiane beschrieben. Immer vier vereinigen sich zu einem Umlauf und gehören zusammen.

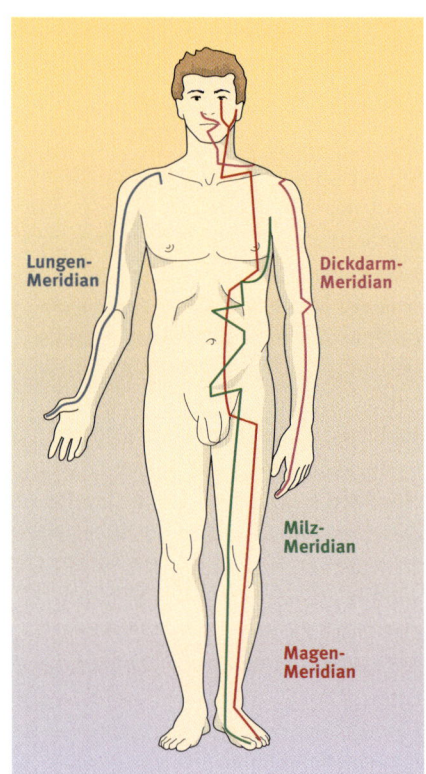

Lungenmeridian

Der Lungenmeridian beginnt am Brustkorb und verläuft entlang der Vorderseite des Armes bis zum Nagelwinkel des Daumens.
Einsatzgebiete u. a.:

- Erkrankungen der Atemwege, wie Husten, Asthma
- Schmerzzustände am Ellenbogen und der Schulter.

Dickdarmmeridian

Der Dickdarmmeridian beginnt am Nagelwinkel des Zeigefingers und verläuft über die Außenseite von Unter- und Oberarm bis über die seitliche Halspartie hin zur Nase.
Einsatzgebiete u. a.:
- Zahnschmerzen
- Schnupfen, Erkältungskrankheiten, Nebenhöhlenentzündungen
- Schulter-Arm-Beschwerden, Verspannungen durch »Zugluft«.
Beide Meridiane sind auf Grund ihrer Lage die ersten Kontaktpunkte mit der Außenwelt.

Magenmeridian

Er beginnt am unteren Augenrand und verläuft über das Gesicht, Hals, Brust- und Bauchpartie, zieht dann zur Leistenbeuge und von dort über die Beinaußenseite zum Nagelwinkel der 2. Zehe.
Einsatzgebiete u. a.:
- Augenerkrankungen, wie Bindehautentzündung
- Nebenhöhlenentzündungen
- Migräne
- allgemeine Müdigkeit, Erschöpfungszustände
- chronische Magen- und Darmbeschwerden

- Verdauungsstörungen
- Rückenschmerzen.

Milzmeridian

Den Abschluss des 1. Umlaufes bildet der Milzmeridian. Er hat seinen Ursprung am Großzeh und verläuft an der Beininnenseite nach oben bis auf Höhe der 6. Rippe im Bereich der Achselhöhle.
Einsatzgebiete u. a.:
- Verdauungsstörungen
- Menstruationsstörungen
- Müdigkeit, Mattigkeit
- Kniebeschwerden.

Herzmeridian

Der Herzmeridian ist die kürzeste Energieleitbahn und mit ihm beginnt der 2. Umlauf. Er hat seinen Ursprung auf Höhe der Achselhöhle, verläuft an der Arminnenseite bis zum kleinen Finger.
Einsatzgebiete u. a.:
- Herzbeschwerden
- Schlaflosigkeit
- psychosomatische Beschwerden, wie Unruhe, Reizbarkeit.

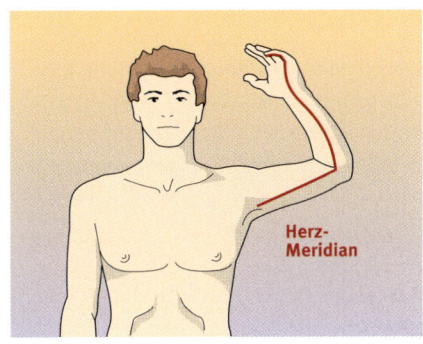

Herz-Meridian

Dünndarmmeridian

Er beginnt am kleinen Finger und zieht sich auf der Außenseite zur Rückseite des Unterarms über Ellbogen und Schulter hoch bis zum Ohr.
Einsatzgebiete u. a.:
- Tinnitus
- Schulter-Armsyndrom
- Schmerzen am Ellenbogen.

- Augenerkrankungen
- emotionaler Ausgleich
- Kopfschmerzen
- Rückenschmerzen, wie Ischiasbeschwerden
- Blasenfunktionsstörungen.

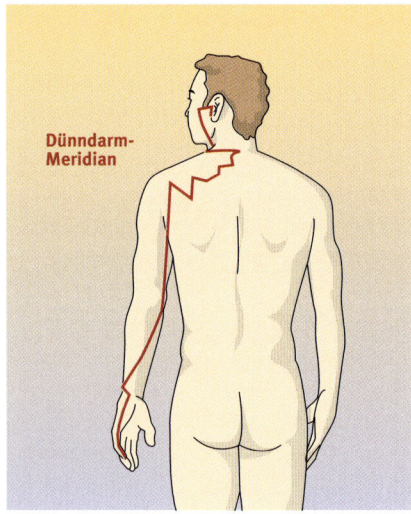

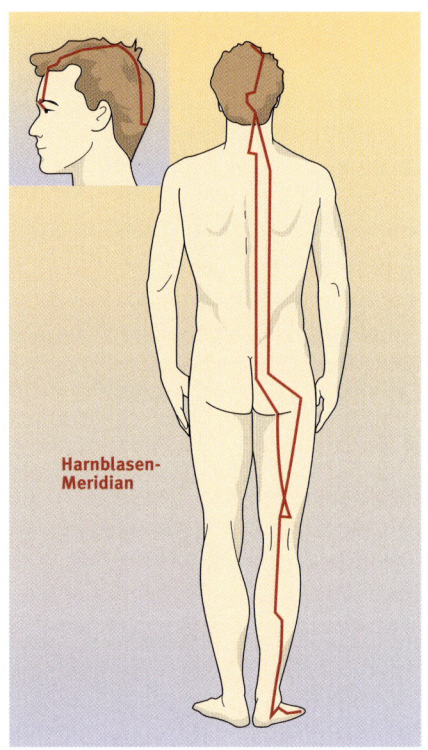

Blasenmeridian

Der Blasenmeridian ist die längste Energieleitbahn. Seinen Ursprung hat er am inneren Augenwinkel und von dort zieht er sich über den Kopf bis zum Nacken, wo er sich verzweigt. In zwei Strängen verläuft er nun neben der Wirbelsäule, weiter über die Beinrückseite bis zum äußeren Rand der Kleinzehe.
Einsatzgebiete u. a.:

Nierenmeridian

Der Nierenmeridian beginnt an der Fußsohle und zieht sich über die Beininnenseite, die Bauchdecke bis zur Schlüsselbeingrube. Hier endet der 2. Umlauf.
Einsatzgebiete u. a.:

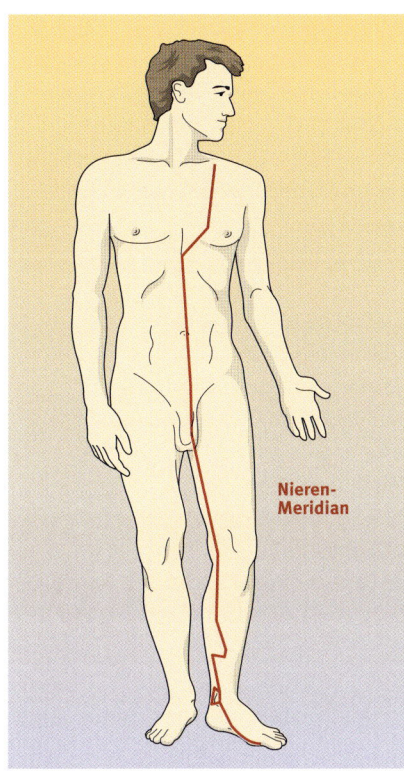

Nieren-
Meridian

- rheumatische Beschwerden
- Übelkeit
- Unruhe.

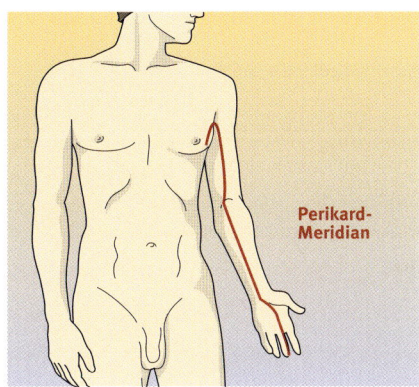

Perikard-
Meridian

Dreifacher Erwärmer*

Sein Verlauf geht von der Außenseite
des Ringfingers über die Außenseite des
Armes weiter über die Schulter bis zur
Schläfe.

- Nieren- und Blasenentzündungen
- Gleichgewichtsstörungen
- Menstruationsbeschwerden
und -störungen
- Erschöpfungszustände.

Perikardmeridian

Er entspringt am Brustkorb, von dort hat
er seinen Verlauf an der Arminnenseite
bis zur Spitze des Mittelfingers.
Einsatzgebiete u. a.:
- Handgelenksbeschwerden
- Bluthochdruck

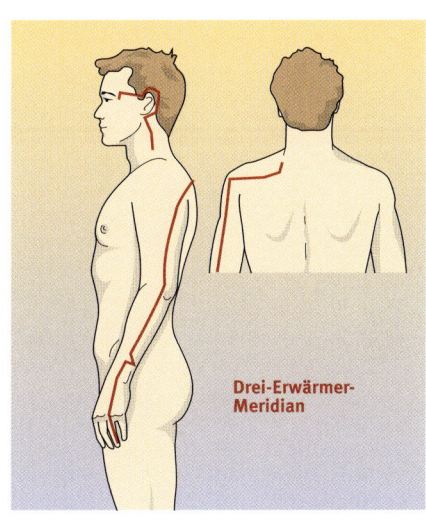

Drei-Erwärmer-
Meridian

Einsatzgebiete u. a.:
- Tinnitus und Schwindel
- Ohrschmerzen
- Kopfschmerzen
- Nackenverspannungen
- Schulter-Arm-Schmerzen.

* Der Dreifache Erwärmer ist keinem direkten Organ zugeordnet, sondern umfasst den Stoffwechsel von Atmung, Verdauung und Wasserhaushalt.

Gallenblasenmeridian

Vom äußeren Augenrand läuft er an der Schläfe vorbei, zum Ohr zurück, über die Stirn nach hinten zum Nacken und von dort über die Schulter, die seitliche Brustwand und Beinaußenseite zur 4. Zehe.
Einsatzgebiete u. a.:
- Schwerhörigkeit
- halbseitige Kopfschmerzen
- Zahnschmerzen
- Oberbauchschmerzen
- rheumatische Beschwerden von Hüfte und Knie
- Rückenschmerzen.

Lebermeridian

Der Lebermeridian bildet den Abschluss des 3. Umlaufes. Er hat seinen Ursprung

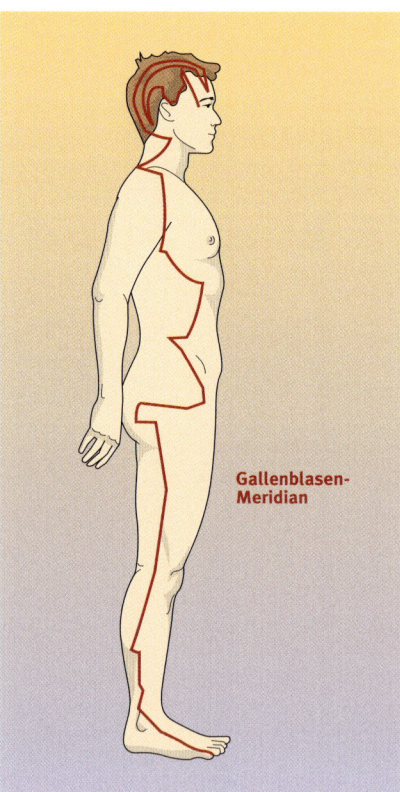

Gallenblasen-Meridian

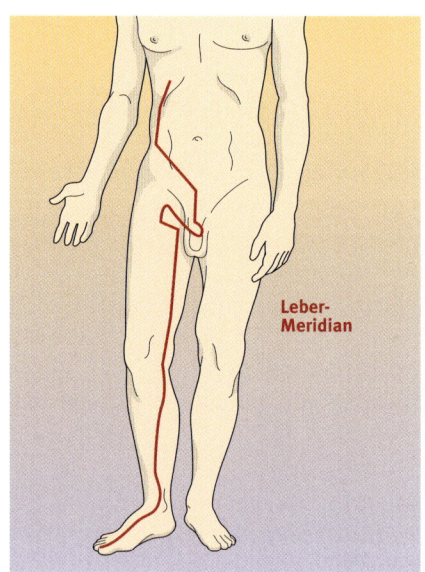

Leber-Meridian

an der Innenseite der Großzehe und bleibt auf der Beininnenseite, bis er unter der Brustwarze endet.
Einsatzgebiete u. a.:
- Migräne
- Menstruationsstörungen
- allgemeine Schmerzzustände.

Zwei außerordentliche Meridiane

Diese beiden Meridiane üben eine Kontrollfunktion über die anderen 12 Leitbahnen aus.

Dumai-Meridian

Er kontrolliert die sechs Yang-Meridiane, die zum einen über die Armaußenseite angesiedelt sind und zum anderen über den Rücken verlaufen. Er beginnt oberhalb des Anus und zieht über den Rücken und endet unter der Oberlippe.

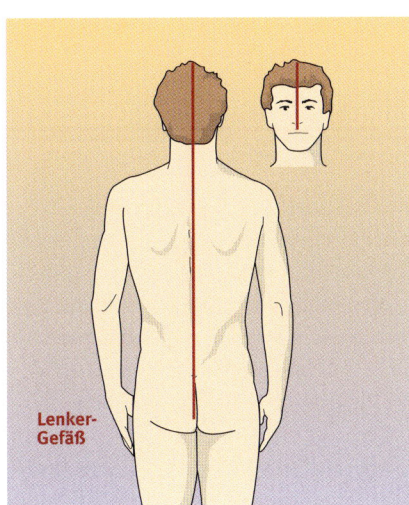

Lenker-Gefäß

Einsatzgebiete u. a.:
- Rückenschmerzen und Ischias-beschwerden
- Infektionskrankheiten
- psychische Erregungszustände nach starker Anstrengung.

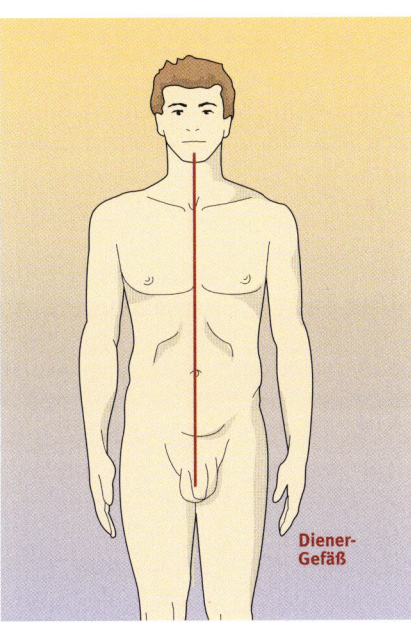

Renmai-Meridian

Diener-Gefäß

Renmai-Meridian

Er kontrolliert die sechs Yin-Meridiane, die an der Arminnenseite verlaufen und an der Körpervorderseite. Er hat seinen Ursprung am Damm und endet am Mund.
Einsatzgebiete u. a.:
- Ödeme
- Appetitlosigkeit
- Ängstlichkeit
- Erschöpfungszustände.

Dumai-Meridian

QI GONG UND OSTEOPATHIE: DER GEMEINSAME WEG

Wann immer unterschiedliche geistige Welten aus Ost und West friedlich aufeinander treffen, wird es interessant. Zum ersten Mal werden hier therapeutische Strategien von Qi Gong und Osteopathie vereint und praktikabel dargestellt – um Ihr Wohlbefinden zu steigern!

mehr leisten wollen als nur die Beseitigung einer aktuellen Störung.

Jeder achtsam beobachtende Qi Gong Lehrer macht im Rahmen seiner Lehr- und Ausbildungszeit die gleiche Erfahrung, wie der Osteopath: Bei einem Menschen hilft ein Therapieverfahren aus der östlichen Welt, beim anderen das der westlichen Welt. Und bei den meisten käme man schneller zum Erfolg, könnte man beide kombinieren. Ausgerechnet diese wichtige Schnittstelle wird oft vermisst.

Was ist Osteopathie?

Der Begriff »Osteopathie« wurde vom Begründer dieser Lehre, dem amerikanischen Arzt Dr. Andrew Taylor Still, eingeführt. Der Begriff *Osteo* kommt aus dem Griechischen und bedeutet Knochen, der Begriff *Pathie* ist aus dem Wort Pathos abgeleitet und bedeutet Leiden – aber auch die Fähigkeit, Gefühle und Leidenschaften zu erzeugen.

Damit steckt in diesem Begriff viel mehr als nur »Die Lehre über das Leiden der Knochen«.

Die Osteopathie ist viel mehr als nur eine medizinische Therapierichtung – sie basiert auf einer Philosophie, was bei keiner anderen westlichen Therapieform der Fall ist.

Hier ist der Brückenschlag zu den östlichen Heilmethoden erkennbar, die weit

Warum Qi Gong und Osteopathie?

Die osteopathische Philosophie stellt das Individuum in den Mittelpunkt des Handelns. Sie stützt ihr Handeln auf biologische Prinzipien, die auch im Qi Gong eine zentrale Rolle spielen.

Die Körperstruktur und Körperfunktion

Die Osteopathie geht von einer Wechselwirkung der Struktur des Körpers und den Körperfunktionen aus. Beide unterliegen einem ständigen Wandel, der von verschiedenen Faktoren beeinflusst wird. In beiden Denkansätzen werden der täglichen Ernährung, dem Maß der Bewegung, der Atmung, der Verdauung, der geistig-seelischen Verfassung eine hohe Bedeutung beigemessen.

Die Einheit von Körper, Geist und Seele

Ganzheitlichkeit – das nehmen viele medizinischen Disziplinen gerne für sich in Anspruch. Aber nur wenige erfüllen dieses Prinzip, ganz im Gegensatz zu den östlichen Gesundheitsansätzen, in denen diese Zusammenhänge schon immer gesehen und berücksichtigt wurden. Die Osteopathie verfügt ebenso über sehr verschiedene Therapieverfahren, die unterschiedlich gewichtet, mal mehr den Körper oder die Seele oder letztlich auch den Geist ansprechen.

Alle Verfahren zielen darauf ab, nie einen dieser drei Bereiche isoliert zu behandeln – der Mensch steht im Vordergrund.

Die Selbstheilungskräfte fördern

Die Osteopathen bauen auf das Naturprinzip, dass der Körper alles unternimmt, um zu überleben. Die neueste Forschung konnte im Körper sehr viele Substanzen nachweisen, die er selbst produziert, um seine Selbstheilungskräfte zu dynamisieren. Die osteopathische Therapie zielt darauf ab, jene Organe zu unterstützen, die diese Substanzen bilden.

Die Osteopathie kennt zum Beispiel Therapieansätze für die Nebenniere. Sie ist die Quelle für unser positives Stresshormon Noradrenalin, das uns fröhlich und euphorisch macht und zudem in uns den Siegeswillen weckt. Ganz bewusst

hat die Osteopathie für alle Organe, die Hormone bzw. körpereigene Substanzen produzieren, Therapieansätze entwickelt. Eine ähnliche Denkweise finden wir beim Qi Gong, mit seinem Ansatz energetische Disharmonien im Körper anzugehen, um ihm zu helfen, sich selbst zu helfen.

Alles im Fluss halten

Was glauben Sie passiert, wenn es im Abwassersystem einer Stadt zu einer Stauung kommt? Irgendwann fängt es garantiert an zu stinken oder das Abwasser tritt an die Oberfläche. Wenn sich Körperflüssigkeiten stauen, sind die Folgen und Probleme ähnlich schwerwiegend. Denn die Abfallprodukte aus der Zelle können nicht mehr perfekt entsorgt werden, die Versorgung mit frischen Substanzen – einschließlich Sauerstoff – wird schlechter. Darunter leiden betroffene Organe: Sie erkranken rascher, regenerieren langsamer, altern schneller. Die Osteopathie hat dafür ebenso wie das Qi Gong ein umfangreiches Therapiekonzept entwickelt. Es soll helfen, dass alles im Fluss bleibt – oder wieder in Fluss kommt.

Bewegung und Rhythmus

Qi Gong und Osteopathie gehen davon aus, dass sämtliche Organsysteme im Körper von Bewegung leben, von moderater, nicht exzessiver Bewegung. Das

Lymphsystem profitiert genauso davon, wie der venöse Blutrückfluss, der Verdauungstrakt und die inneren Geschlechtsorgane über das harmonische Zusammenspiel des Zwerchfells mit dem Beckenboden. Außerdem gehen beide davon aus, dass das Leben und die Körperfunktionen in Rhythmen und nicht gleichförmig ablaufen. Darin ist auch der Grund für das morgendliche Üben beim Qi Gong und Taiji quan zu sehen: Denn wenn mein Körper etwas leisten soll, dann muss ich ihm die Energie zu Beginn des Tages zur Verfügung stellen.

Leben ist Bewegung

Wie steigert Osteopathie den Erfolg von Qi Gong?

Die stillen Energieblockaden im Körper: die Diaphragmen

Was ist der entscheidende Faktor im Leben jedes Menschen – ohne den gar nichts geht? Von was sind wir täglich abhängig und spüren Defizite zwar langsam, aber immer bedrohlicher? Richtig, die Lebensenergie!

Um seine Lebensenergie auf einem Level um hundert Prozent zu halten, muss man gewisse Voraussetzungen erfüllen. Einige davon hat die osteopathische Medizin schon vor weit über 100 Jahren erkannt und Therapieansätze dafür entwickelt.

Wichtig:
Lebensenergie verlangt immer, dass alles im Körper im Fluss ist.

Wenn der ständige Fluss der »Körpersäfte« und der Informationen im Menschen gehemmt ist, können sich vielfältige Probleme entwickeln. Eine der häufigsten Ursachen dafür ist die mangelnde Bewegung.

Jedoch können auch die Diaphragmen den Fluss im Körper hemmen. Denn sie haben die Funktion von Scheidewänden oder »Dämmen«. Das ist wichtig, damit Infektionen im Körper nicht gleich den ganzen Körper überschwemmen. Aber sie können auch bei gestörter Funktion »Energiebremsen« sein.

Die wichtigsten Scheidewände unseres Körpers

Sämtliche Zonen, die eine besondere Bedeutung in unserem Körper für das Gesamtsystem haben, sind auf ganz besondere Art und Weise geschützt. Ein wichtiger Teil dieses Schutzsystems sind die Diaphragmen, vor allem das
- Beckenbodendiaphragma
- Zwerchfell
- Diaphragma des oberen Brustkorbs
- Diaphragma im Schädel zwischen Kleinhirn und Großhirn.

Weitere kleinere, peripher gelegene Diaphragmen (Kniediaphragma und Fußdiaphragma) spielen mehr eine lokale Rolle.

Der Aufbau der Diaphragmen

Die Diaphragmen in unserem Körper besitzen unterschiedliche Aufgabenprofile und sind deshalb auch verschieden aufgebaut.

Im Wesentlichen bestehen Diaphragmen aus **Faszien**. Das sind Strukturen, die vom Kopf bis zum Fuß durchgehend vorhanden sind. Sie sorgen für Struktur, umhüllen die einzelnen Organe und die Muskeln. Faszien gehören zu den Weichteilgeweben des Körpers. Neueste Forschungsergebnisse belegen, dass Faszienstrukturen ähnliche Funktionen besitzen wie unser Gehirn. Sie verfügen über ein eigenes Gedächtnis, registrieren Verletzungen sehr genau, speichern diese ab und versuchen deren Folgen zu korrigieren. Gelingt dies nicht, können sich Störungen entwickeln, auch Energieblockaden.

Weitere Bausteine der Diaphragmen sind die **Ligamente**. Diese sind vor allem dafür zuständig, die Organe, aber auch das knöcherne System im dreidimensionalen Raum zu stabilisieren. Sie verhelfen den Diaphragmen zu der notwendigen Stabilität.

Die Funktionen der Diaphragmen

Alle Diaphragmen haben neben speziellen Funktionen gemeinsame Aufgaben im Körper.

• Sie trennen wichtige Körperzonen voneinander. Es kann lebensrettend sein, dass zwischen dem Kleinhirn und dem Großhirn eine »Barriere« in Form eines Diaphragmas besteht, wenn es z. B. zu Blutungen, Entzündungen oder Abszessen kommt. Der Beckenboden verfügt sogar über ein dreischichtiges Diaphragma, weil zu der Barrierefunktion noch eine Haltefunktion und Schließfunktion hinzukommt.

• Sie trennen Körperzonen mit unterschiedlichen Druckverhältnissen. Dies sind insbesondere die Aufgaben der Diaphragmen des oberen Brustkorbs, des Zwerchfells und zum Teil auch des kleinen Beckens.

• Sie leisten Haltearbeit für Organe im Bauchraum. Am Zwerchfell sind die meisten unserer Bauchorgane aufgehängt. Dieses außerordentliche wichtige Diaphragma muss permanent im Stehen und Sitzen so schwere Organe wie die Leber, den Dünn- und Dickdarm halten, damit sie uns nicht ständig auf die Blase und die Genitalorgane drücken.

• Chronische Störungen in unserem Körper können auf einer Fehlspeicherung von Informationen in der Diaphragmastruktur basieren.

Gelingt es uns nicht, negative Informationen aus diesem Gedächtnis zu löschen, kann es sein, dass wir uns krank oder unwohl fühlen, obwohl es keinen wirklichen Grund mehr dafür gibt. Einige dieser Störungen sind mit klassischen medizinischen Diagnostikverfahren nicht nachweisbar.

Vielen Menschen wird deshalb Unrecht getan, wenn sie als Simulanten oder psychisch Kranke abgestempelt werden, nur weil mit aufwändiger »Maschinendiagnostik« oder Labordiagnostik keine offenkundige Störung gefunden wird.

Wie Diaphragmen zusammenarbeiten

Die Diaphragmen und die Faszien im Körper können nur dann optimal zusammenarbeiten, wenn sie geschmeidig und anpassungsfähig sind.

Dies lässt sich am besten am Beispiel Zwerchfell erklären, weil es ständig mit dem Diaphragma des Beckenbodens und des oberen Brustkorbes zusammenarbeiten muss.

Wenn sich das Zwerchfell zusammenzieht, bewegt es sich nach unten, lässt einen Unterdruck in der Lunge entstehen und erhöht den Druck im Bauchraum. Das Diaphragma des Beckenbodens muss dem entstehenden Druck elastisch nachgeben. Man kann sich das wie die Meeresbrandung vorstellen. Die Welle kommt, sie bewegt sich Richtung Ufer – das entspricht dem Einatmen. Das Zwerchfell bewegt sich mit zartem Druck Richtung kleines Becken und Beckenboden. Das Wasser strömt wieder ins Meer hinaus – das entspricht dem Ausatmen. Das Zwerchfell wandert nach oben begünstigt durch den aufgebauten Druck im Bauchraum und den Beckendiaphragmen. So entwickelt sich ein elastisches, harmonisches An- und Entspannen – Bewegungen, die dem Qi Gong innewohnen.

Wie Probleme entstehen

Wenn die Diaphragmen gegeneinander arbeiten, entstehen Probleme, weil mehr Energie vom Körper verbraucht wird, als eigentlich notwendig wäre. Das Diaphragma des kleinen Beckens erschwert durch eine Verkrampfung die Zwerchfellatmung. Die Folgen: mehr Atemarbeit, weniger Sauerstoff. Verkrampfungen entwickeln sich am häufigsten durch Bewegungsarmut, Dauerstress, Entzündungen.

Verkrampfte Diaphragmen bauen »Energiesperren« auf. Das heißt: Die Energie im Körper kann nicht mehr so ungestört fließen. Wir bemerken das erst, wenn der Prozess schon massiv fortgeschritten ist. Wir fühlen uns dann rasch ermüdet, nicht mehr so richtig frisch, schneller abgekämpft. Die Energiesperren können sich auch auf die Meridiane auswirken. Diese sind allerdings mit herkömmlichen diagnostischen Verfahren nur näherungsweise nachweisbar.

Besser erkennbar für Arzt und Patient sind jedoch Störungen des Lymph- und Venensystems. Die häufig vorkommenden Störungen des Diaphragmas des oberen Brustkorbes können sehr unterschiedliche Symptome erzeugen: Druckgefühl im Kopf, Anschwellen der Tränensäckchen, Gefühl als sei der Hemdkragen enger geworden, aber auch Engegefühl im Brustraum oder Völlegefühl im Bauch. Natürlich können diese Symptome auch auf anderen Störungen beruhen.

Das Konzept Eigentherapie

Wenn es um die Diagnose von Blockaden im Körper geht, wäre der ideale Weg die Untersuchung beim Osteopathen und die direkte Therapie durch ihn. Zu einer Zeit als es in Europa noch sehr wenige Osteopathen gab, haben wir aus der »Not« geboren, Eigentherapie-Konzepte entwickelt. Es ist ein einfaches Basiskonzept, bei dem Sie nichts falsch machen können.

Freuen Sie sich also auf die Übungen im nächsten Kapitel, denn ab jetzt gibt es keine Ausrede mehr, jeden Tag selbstständig etwas für Ihre Energie zu tun. Es ist ein neuer Weg in der Osteopathie und bereits tausendfach bewährt.

Sollten Sie dennoch einmal Missempfindungen durch unsere Übungen verspüren und diese verschwinden nicht nach zwei bis vier Wochen, raten wir, Ihren Arzt oder Osteopathen zu konsultieren.

Die Top-Energiequelle: Ernährung

Qi Gong und die Osteopathie helfen Ihnen ein Gleichgewicht im Leben zu finden. Beide Verfahren weisen einen harmonischen Weg zwischen den Anspannungen des Alltags und der notwendigen Entspannung in der Freizeit. Qi Gong und Osteopathie basieren auf einer ganzheitlichen Lebensphilosophie. Ein zentraler Baustein ist dabei auch die Ernährung. Jeden Tag können Sie den Körper zwei- bis dreimal mit harmonischer und ausgleichender Energie füttern.

Immer unter Zeitdruck. Alles was nicht direkt der aktuellen Aufgabe dient, ist zweitrangig – so sehen es die meisten, auch wenn es ums Essen geht. Leider. Die meisten Menschen unterschätzen, dass unsere Ernährung die beste und einfachste Chance ist, den Körper schnell ins Gleichgewicht zu bringen. Zu Ihren täglichen Qi Gong und Osteopathieübungen gehört also auch eine ausgewogene, individuell abgestimmte und verträgliche Ernährung.

Chinesisches und westliches Ernährungswissen vereinen

Auch in punkto Ernährung wollen wir zwei Energiewelten verbinden, um daraus etwas Neues zu entwickeln. Dieser Versuch ist so noch nie unternommen worden. Wir konzentrieren uns auf je ein wesentliches Merkmal aus der westlichen und der östlichen Welt.

Qi Gong und die Osteopathie empfehlen eine vollwertige, ausgewogene Ernährung mit allen Bausteinen des Lebens. Die ganzen neueren Diät-Trends, entsprechen nur in einer Richtung den Bedürfnissen des Körpers – sie empfehlen weniger. Sonst sind sie zumeist einseitig und enthalten mehr oder weniger gut versteckte Verbote.

Ein Prinzip der Qi-Gong- und Osteopathie-Philosophie lautet: Jeder Mensch verfügt über natürliche Instinkte und kann auf die innere Intelligenz des Körpers vertrauen. Wichtig ist: den Wandel der Ernährungsbedürfnisse zu erkennen. Die sind abhängig vom Alter, Geschlecht, Konstitution, Beruf, Art der Arbeit und der aktuellen körperlichen und geistigen Verfassung.

Gemeinsame Essensregeln

- Essen Sie in ruhiger Umgebung
- Kauen Sie lange genug
- Bereiten Sie Ihr Essen immer frisch
- Entscheiden Sie sich für Naturprodukte
- Trinken Sie zu den Mahlzeiten Tee, Wasser oder Saft – aber nicht zu kalt
- Essen Sie nur, wenn Sie hungrig sind
- Vermeiden Sie Zwischenmahlzeiten
- Abends so wenig wie möglich essen! (»Das Abendessen schenke Deinem Feind«)
- Reduzieren Sie Alkohol, Kaffee, kohlensäurehaltige Getränke.

Ein chinesisches Ernährungsprinzip

Aus der komplexen Ernährungslehre der chinesischen Medizin wollen wir ein zentrales Detail herausgreifen, das auch für uns Europäer große Bedeutung hat. Und zwar deshalb, weil wir auf diesem Bereich viele unnötige Fehler machen, die unsere innere Harmonie stören.

Physikalische Eigenschaften der Nahrungsmittel

Wir wollen uns konzentrieren auf die Eigenschaften warm – neutral – kalt. Sicher haben Sie im Sommer manches Glas Mineralwasser als außerordentlich erfrischend erlebt. Und wahrscheinlich wundern Sie sich immer wieder, wenn in Wüstenfilmen Tee (meist grüner oder schwarzer Tee) getrunken wird. Warum das?

Die Antwort ist einfach: Kaltes Wasser und schwarzer Tee kühlen. Schwarztee noch stärker als Wasser.

So wie Tee hat jedes Nahrungsmittel eine physikalische Qualität, die nicht immer ganz leicht erkennbar ist.

Die physikalische Qualität eines Lebensmittels kann perfekt dazu verwendet werden, die innere Harmonie zu fördern.

Denken Sie einmal an eine hitzige Gesprächsrunde. Da wäre eine kurze Pause gut – und kühle Fruchtsäfte aus Ananas, Orange, Zitrone und Mineralwasser.

Die wohltuende, ausgleichende Wirkung lässt nicht lange auf sich warten. Genauso lässt sich natürlich auch eine eigene »unterkühlte« Stimmung »aufwärmen«. Ideal wäre ein Fencheltee. Im Winter hilft zusätzlich ein Schuss Whisky dazu.

Das Problem Übergewicht

Viele Menschen sind geradezu gierig auf Nahrungsmittel, die den Körper schädigen. Diese Gier entwickelt sich durch falsche Essgewohnheiten. Und auch, wenn der Körper sein Gleichgewicht verloren hat.

In der westlichen Welt ist das Übergewicht zu einem großen volkswirtschaftlichen Problem geworden. Fast alle Übergewichtigen essen zu viel, zu schnell, und zur falschen Zeit das Falsche.

Fatalerweise ist »das Falsche« in den letzten Jahrzehnten zum Standard geworden. Noch vor 100 Jahren bestand die Ernährung zu 80 Prozent aus basischen und zu 20 Prozent aus sauren Nahrungsmitteln. Heute ist das Verhältnis genau umgekehrt.

Wie kommt das?

Deutlich gestiegen ist der Konsum von Fleisch, Zucker, Weißmehl, gezuckerten Getränken, unreifem Obst und Alkohol. Alle diese Substanzen verbindet eines: Sie sind sauer oder sie werden im Sauren verstoffwechselt.

Die Folgen sind fatal. Übersäuerung im Körper fördert die Infektanfälligkeit und die Verletzungshäufigkeit, verzögert

Die wichtigsten Lebensmittel von WARM – BASISCH bis KALT – SAUER

	Warm	Neutral	Kalt

Basisch	**Gemüse**
	– Fenchel
	– Kürbis
	– Stangenbohnen
	– Meerrettich
	– Süßkartoffel
	Milchprodukte
	– Kokosmilch
	Getreideprodukte
	– Amarant
	Früchte
	– Aprikose
	– Pfirsich
	– Rosinen
	– Süßkirsche
	Getränke
	– Getreidekaffee
	Sonstiges
	– Pistazien
	Gewürze
	– mit wenigen unbedeuten-
	  den Ausnahmen
		Gemüse
		– Kartoffel
		– Karotte
		– Erbse
		– Rüben
		– Hirse
		Milchprodukte
		– Süßrahmbutter
		– Frischmilch
		Früchte
		– Clementine
		– Mandarine
		– Dattel
		– Feige
		– Pflaume
		– Traube
		Getränke
		– Traubensaft rot
		– Traubensaft weiß
		Sonstiges
		– Honig
		– Rohrzucker
			Gemüse
			– Blumenkohl – Aubergine
			– Spinat – Zucchini
			– Brokkoli – Mangold
			– Gurke – Avocado
			– grüner Salat – Schikoree
			Milchprodukte
			– Sahne
			– Jogurt
			– Kefir
			Früchte
			– Mango – Melone
			– Zitrone – Rhabarber
			– Papaya – Banane
			– Apfel – Birne
			– Orange – Erdbeere
			Getränke
			– Sojamilch
			– Mineralwasser ohne
			  Kohlensäure
			Sonstiges
			– Cashewkerne

Neutral	**Gemüse** – Zwiebel **Getreideprodukte** – Maisstärke	**Gemüse** – Feldsalat **Getreideprodukte** – Hirse **Sonstiges** – Haselnuss	**Gemüse** – Kohlrabi – Rettich **Fleisch/Fisch** – Austern

Sauer	**Gemüse**
	– Rosenkohl
	Fleisch/Fisch
	– Schwein
	– alle Fische mit Ausnahme
	  der extra aufgeführten
	Milchprodukte
	– Schafskäse
	– Ziegenkäse
	– Hartkäse
	– Handkäse
	Getreideprodukte
	– Haferflocken
	Früchte
	Getränke
	– Rotwein
		Gemüse
		– Linse
		Fleisch/Ei
		– Hase
		– Rind
		– Kalb
		– Ei
		Milchprodukte
		– Butter
		Getränke
		– Malzbier
		Sonstiges
		– Erdnuss
			Gemüse
			Fleisch/Fisch
			– Kaviar
			– Calamari
			Milchprodukte
			– Quark
			Getreideprodukte
			– Reis
			– Weißbrot
			– Weizengrieß
			– Weizen
			– Gerste
			– Roggen
			Früchte
			– unreife Früchte
			Getränke
			– Weißwein
			– Bier
			– Mineralwasser mit
			  Kohlensäure
			Sonstiges
			– Salz
			– Fabrikzucker

Tipp: Diese Aufstellung soll Anhaltspunkte liefern, damit Sie die Reaktionen Ihres Körpers auf Lebensmittel besser verstehen. Sie sollten immer mit Freude essen. Die Liste kann Ihnen auf jeden Fall helfen, beim Essen energetisch klüger zu entscheiden.

Heilungsprozesse nach Verletzungen, führt zu Osteoporose und »Steifheit« in den Gelenken, Bewegungsunlust und schnellerem Altern.

Alle diese negativen Entwicklungen lassen sich durchaus vermeiden. Unsere Tabelle zeigt die wichtigsten Nahrungsmittel und ordnet sie nach den zwei Kategorien:

> **warm – neutral – kalt**
> **basisch – neutral – sauer.**

Mehr Spaß beim Essen

Für die meisten schwingt beim Thema Ernährung Verzicht mit – und Kampf. Kampf gegen Versuchungen, Kampf gegen zu viel Pfunde, Verzicht wegen Risikofaktoren, Verzicht auf Genuss. Viele erleben sich täglich als Verlierer, weil sie doch wieder schwach geworden sind.

Schluss damit! Sehen Sie das Leben als Spiel. Gehen Sie spielerisch mit Ihren Qi Gong und Osteopathieübungen um und entwickeln Sie ein neues Energie-Essverhalten.

Mit Ihren eigenen Essregeln.

> Bitte keine Vorschriften – die sind allenfalls dazu da, sie zu brechen. Entwickeln Sie stattdessen drei kluge Essregeln, die Ihr Unterbewusstsein, also die innere Kraft Ihres Bewusstseins, auf Ihr neues Ziel ausrichten.

Die goldene Essregel Nr. 1

> Die Art Ihrer Ernährung (Ursache) bestimmt darüber wie leistungsfähig jede einzelne Körperzelle ist und damit auch, wie leistungsfähig Sie insgesamt sind (Wirkung). Steigern Sie die Qualität Ihrer Ernährung (Ursache), steigert sich auch die Qualität Ihrer Lebensenergie (Wirkung).

Entwickeln Sie für sich das Bild eines genialen Gärtners, der im Garten des Lebens nur wunderbare Ursachen sät und Sie werden garantiert die besten Wirkungen ernten.

Wenn Ihnen kalt ist, essen und trinken Sie wärmende Lebensmittel.

Wenn Sie das Gefühl haben beim kleinsten Problem leicht »sauer« zu reagieren, essen Sie bewusst basisch.

Goldene Essregel Nr. 2

Entscheiden Sie sich ab heute beim Essen nur noch für Energie und Leben. In Lebensmitteln steckt viel mehr Energie als in Nahrungsmitteln. Beide unterscheiden sich darin:

Lebensmittel schenken Leben, weil sie aus frischen, natürlichen Produkten bestehen.

Nahrungsmittel können nur nähren, also allenfalls verhindern, dass Sie verhungern.

Die meisten Menschen der westlichen Welt ernähren sich aber so, als müssten Sie täglich dem Hungertod entgehen

und fressen sich Reserven für Hungersnöte an, die wahrscheinlich nie mehr kommen. Sie verleiben sich hochkalorische, fett- und zuckerhaltige Nahrungsmittel ein. Diese sind durch unterschiedlichste Konservierungsprozesse lange haltbar gemacht, dadurch meist schwer verdaulich (Ursache). Das macht den Menschen schwerfälliger (Wirkung).

Entscheiden Sie sich deshalb täglich – wann immer es geht – für Lebensmittel, die möglichst frisch und jung sind.

Goldene Essregel Nr. 3

Was Sie Ihrem Inneren zuführen, zeigt sich auch in Ihrem Äußeren.
Beispielsweise der selbstkasteiende, fanatische Vegetarier. Schaut der fröhlich, heiter und ausgeglichen aus? Selten. Oft wirkt er kantig, ernst, streng, ja traurig.
Und das extreme Gegenbeispiel, der dicke, pralle, im Übermaß Fleisch und Wurst vertilgende, behäbig daherschreitende »Würdenträger« mit aufgetriebenem Bauch und breiten Schultern. Selten, dass der sich als flinker, flexibler Denker entpuppt, der sich rasch auf neue Situationen einstellen kann.
Der Mensch ist, was er isst. Diese einleuchtende Formel stammt von einem Ludwig Feuerbach, ist über 150 Jahre alt – aber noch immer aktuell.

Gestalten Sie Ihr Inneres danach, wie Sie nach außen gerne wirken möchten. Das gilt besonders auch für das Essen. Seien Sie wählerisch, genießen Sie das Essen. Dann wird es nicht lange dauern, bis Sie Inneres und Äußeres als eine Harmonie erleben. Und schließlich beschert Ihnen das Leben auch diese Leichtigkeit, die jeder von uns so gerne hätte.

ENERGIEBLOCKADEN LÖSEN MIT DER OSTEOPATHIE

Wo genau kommt die Energie her, die den Menschen antreibt? Mit dieser Frage beschäftigen sich in der Medizin bislang sehr wenige Disziplinen. Energie – das ist für Forscher etwas, was in den Mitochondrien, den Kraftwerken der Körperzelle, entsteht.

Aber für ein optimales Energieniveau ist vor allem entscheidend, dass alle Zellsysteme unseres Körpers perfekt miteinander zusammenarbeiten.

Das ist leider häufig nicht der Fall – und dafür gibt es vielerlei Ursachen. Besonders häufig sind das Blockaden im Körper.

Da kann Osteopathie wirkungsvoll helfen, Blockaden aufzulösen, um damit den Energiefluss wieder zum Laufen zu bringen.

Was versteht man unter einer Energieblockade?

Auf keinen Fall darf man Energieblockaden auf rein mechanische Phänomene reduzieren. Es hat immer einen Grund, dass ein Meridian, eine Faszie oder ein Diaphragma eine Störung aufweisen. Wir konzentrieren uns hier auf Blockaden, die Sie selbstständig beeinflussen können.

Meist sind Blockaden das Ergebnis aus einer körperlichen, mentalen und emotionalen Störung.

Leider kann man mit den heutigen medizinischen Diagnostikverfahren noch nicht die Ursachen für Energieblockaden oder unsere Befindlichkeitsstörungen herauszufinden.

Wir wissen aus unserer langjährigen Erfahrung mit Patienten: Sehr viele Erkrankungen basieren auf blockierten Energieabläufen im Körper. Gerade in den diaphragmalen Bereichen und in den Meridianen liegen sehr häufig Störungen vor. Behandelt man diese Blockaden, hilft sich der menschliche Körper oftmals selbst und regelt die eigenen Probleme neu und dynamisch – das Phänomen der Selbstheilung greift.

> Unser Konzept ist so aufgebaut, dass Sie sich energetisch selbst therapieren können. Sollten Sie aber das Gefühl haben, nicht so recht voranzukommen, sollten Sie unbedingt einen Arzt aufsuchen, dem Sie Ihre Beschwerden schildern und der Sie daraufhin genau untersucht.

Warum Qi Gong und die Osteopathie so gut zusammenpassen

Was verbindet das chinesische Qi Gong mit der amerikanischen Osteopathie? Auf den ersten Blick sicher nicht sehr viel!

Die Entwicklung der Osteopathie ist aber ähnlich dem des Qi Gong: Erfolgreich behandelte Patienten sind dankbare Multiplikatoren beider Verfahren. Was plagt die Menschen unserer Zeit am meisten? Sie sind gefordert, ständig Leistungen zu bringen, oft Höchstleistungen – und das erfordert enorme Energie. Viele Menschen gehen mit ihrer Energie um, als besäßen sie Quellen, die nie versiegen.

Leider ein fataler Fehler: Unsere Energie ist begrenzt, ein knappes Gut.

Die Philosophie als Fundament

Medizinische Verfahren, die sich über Jahrtausende behaupten konnten, müssen auf festem Fundament stehen. Sie sind fast immer mit einer soliden Philosophie untermauert.

Qi Gong und die Osteopathie haben solide Fundamente. Sie überlebten viele modische Trends in der Medizinszene. Warum? Weil sie sich inhaltlich immer schon mit dem beschäftigt haben, was heute ein zentrales Problem der Menschen ist: die menschliche Energie. Allein das scheint beiden Verfahren Flügel zu verleihen und bietet eine großartige Perspektive.

Die Selbstheilungskräfte aktivieren

Wenn die menschliche Energie ein zentrales Ziel für beide Verfahren ist, wo liegt dann der gemeinsame Ansatz, um dieses Ziel zu erreichen? Beide können eine der wichtigsten Kräfte des Menschen aktivieren. Die Kraft, die sein Überleben sichert: die Selbstheilungskraft.

Sie werden mit wirkungsvollen Übungen vertraut, die diese Kraft mobilisiert.

Der Wert der Bewegung

Leben, das wurde schon deutlich, äußert sich in Bewegung. Kommt irgendein System in unserem Körper zum Stillstand, ist dies meist gleichbedeutend mit Tod.

Alles was Sie in der Osteopathie und dem Qi Gong für sich anwenden, zielt darauf hin, Bewegungsprozesse im Körper, aber auch im Geist und in Ihrer Seele zu dynamisieren.

Natürliche Abläufe dynamisieren

Die Medizin des 21. Jahrhunderts hat neue Wege beschritten. Manche führen zu unnatürlichen Abläufen im Körper, verändern sie und entziehen sie zum Teil der Selbstkontrolle des Körpers. Die heutige Anti-Aging-Medizin versteht sich in vielen Bereichen als eine Substitutionsmedizin.

»Der goldene Weg«

Einen goldenen Weg in Sachen Substitution zu finden ist nicht ganz leicht. Man macht sich die Sache aber sicher zu einfach, wenn man glaubt: Füllen wir doch einfach im Körper auf, was ihm gerade fehlt.

Da wird allzu schnell das verursachende Problem übersehen oder gar ignoriert. Wenn es in unserem Leben nicht mehr so richtig rund läuft wie vor Jahren noch, wenn die Lebensenergie deutlich nachlässt, finden sich bei genauerer Diagnose häufig Energieblockaden. Sie sind es, die den Schwung und die Freude im Leben deutlich mindern. Sie können aber auch Krankheiten auslösen. Deshalb ist es immer wieder sinnvoll, jene Zonen zu behandeln, in denen Energieblockaden am häufigsten auftreten, z. B. im oberen Brustkorb.

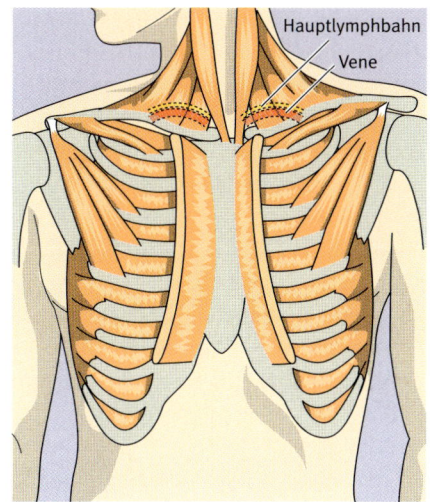

Hauptlymphbahn
Vene
Brustkorb

Die Funktion des oberen Brustkorbs

Der Brustkorb ist ein kompliziertes Gebilde aus Knochen, Muskeln, Faszien und Ligamenten, Gefäßen und Nerven. Die Knochen geben diesem Körperteil die typische Form, ähnlich zwei umgedrehten Körben.
Die Zwischenräume, die gebildet werden zwischen den Rippen, der Brustwirbelsäule, den beiden Schlüsselbeinen und dem Brustbein werden durch Faszien (Häute, »Rippenfell«), Ligamente (Bandstrukturen ähnlich fest wie Sehnen) und eine Vielzahl von Muskeln ausgekleidet.
Zusätzlich gibt es aber noch Strukturen, die für unsere Dynamik sehr bedeutsam sind: die Gefäße des lymphatischen, venösen und des arteriellen Systems.

Sie müssen sich durch die Faszien und Ligamente durchzwängen und sich um die Muskeln herumschlängeln.

Besonders gefährdet und anfällig für Störungen sind die Gefäße des Niederdrucksystems – also das Lymphsystem und das venöse System. Im arteriellen System herrschen hohe Drucke (durchschnittlicher Druck von ca. 120 mmHg), im Lymphgefäß- und Venengefäßsystem jedoch nur Werte bis circa 6 mmHg. Deshalb sind diese beiden Gefäßsysteme anfälliger für Störungen.

Das Problem Sitzen

Die meisten Menschen arbeiten heute in sitzenden Positionen. Dabei gewöhnen sie sich häufig Fehlhaltungen an: Rundrücken, nach vorne gezogene Schultern, Kinn nach vorne geschoben und Kopf leicht nach hinten geneigt. Die Folgen äußern sich in muskulärem Hartspann, der oft in eine Schonhaltung übergeht – und meist in Schmerzen endet. Diese verhindern dann, dass sich der Betroffene die Schonhaltung aufgibt. Der Teufelskreis beginnt.

All dies erhöht die Grundspannung der Faszien, Ligamente und der Muskeln, mit dem Ergebnis, dass die Zirkulation des lymphatischen und venösen Systems sich verschlechtert. Die Folgen: Drosselung der Mikrozirkulation zwischen den Zellen, auch der Nervenzellen, Verschlechterung der Stoffwechselsituation, Abnahme der Energieerzeugung und des energetischen Flusses im Körper.

Wie kommt es zu dieser Blockade?

Schulter und Halswirbelsäule stellen Gelenkeinheiten dar mit außergewöhnlich umfangreichem Bewegungsausmaß. Kein Gelenk ist im dreidimensionalen Raum besser zu bewegen als das Schultergelenk, kein Abschnitt der Wirbelsäule lässt sich mehr drehen, vor- und zurückbeugen als die Halswirbelsäule. Und ausgerechnet diese Zonen lassen wir verkümmern, wir bewegen sie viel zu wenig.

Wie spüre ich diese Blockade?

Sind Sie immer locker und entspannt in Ihrer Schulter- und Nackenregion? Können Sie manchmal Ihren Kopf nicht vollständig drehen? Spüren Sie manchmal im Kopf ein Druckgefühl aufsteigend vom Nacken? Gewinnen Sie manchmal den Eindruck einen zu engen Hemdkragen zu besitzen?

Alle diese Missempfindungen können neben vielen anderen in dieser Region Hinweise auf eine Blockade sein.

Welche Rolle spielt diese Blockade für den ganzen Körper?

Der obere Brustkorb ist einer der ganz großen »Energie-Bahnhöfe« in dem die »Energie-Bahnen« aus dem ganzen Körper zusammenlaufen.

Für die Osteopathie spielt er deshalb eine so große Rolle, weil in dieser Region unter anderem darüber entschieden wird, wie perfekt das »Körperabwassersystem« funktioniert. Hier mündet das komplette Lymphgefäßsystem in das venöse System ein. In den Bereich des linken oberen Brustkorbes mündet über 80 Prozent der Lymphflüssigkeit, in den rechten ca. 20 Prozent. Eine kleine Störung der Muskeln der vorderen Halsseite oder der Faszien kann zum schleichenden Problem für den ganzen Körper werden.

Jede Zelle des Körpers produziert nämlich Abfallprodukte, die über das venöse, aber ganz besonders über das Lymphsystem entsorgt werden müssen.

So kann ich die Blockade osteopathisch behandeln

Damit in unserem »Energie-Bahnhof« das Signal stets auf freie Fahrt steht, sollten wir anfangs einmal pro Woche

diese Übungen machen;
später, wenn sich alles
besser im Fluss befindet,
mindestens einmal pro
Monat.
So wird der Effekt aller
Qi-Gong-Übungen ener-
getisch garantiert unter-
stützt.

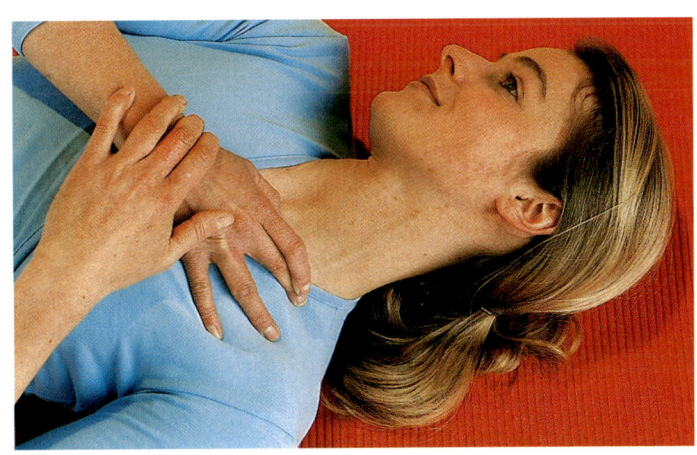

Übungstechnik für den oberen Brustkorb

Die »keep the fingers crossed« Übung

Sie legen sich bequem auf den Rücken.
Zuerst behandeln wir die linke Seite des
Brustkorbs.
Sie legen den Zeigefinger der rechten
Hand auf den Mittelfinger Ihrer rechten
Hand (keep the fingers crossed!). Mit
dem gedoppelten Mittelfinger der rechten Hand streichen Sie nun die vordere
linke Halsseite aus, bis Sie Kontakt zum
Schlüsselbein haben. Die Weichteile
unter Ihrem Finger bekommen nun eine
leichte Spannung, diese können Sie erhöhen durch eine leichte Rechtsdrehung
und seitliche Neigung des Kopfes. Der
rechte Mittelfinger befindet sich etwas
hinter dem Schlüsselbein und wird nun
mit den Fingerspitzen der linken Hand
nach unten und circa 45° nach links seitlich gezogen.
Die Spannung unter dem Mittelfinger
nimmt dadurch nochmals ein wenig zu.

Sie halten diese leichte Spannung und
atmen mindestens sieben Mal langsam
in den oberen linken Brustkorb hinein.
Daran anschließend folgt die Übung für
den rechten oberen Brustkorb in glei-
cher Weise. Der linke Zeigefinger doppelt den Mittelfinger, dieser streicht die
rechte vordere Halsseite aus, bis Kontakt zum hinteren Anteil des Schlüssel-
beins erreicht ist. Die rechte Hand führt
über die Fingerspitzen wieder einen
gleichmäßigen Zug nach rechts unten
seitlich aus. Diese Position halten Sie
für sieben Atemzüge.
Danach entspannen Sie sich etwas.
Sie haben eine der wichtigsten Übungen
gemacht, die Ihrem lymphatischen System richtig gut tut.
Nehmen Sie sich jetzt noch ein wenig Zeit
für unsere Brokatübungen Nr. 7 und 8
(S. 110, 114). Beide verstärken den Energiefluss im oberen Brustkorb und verbessern die Wirkung dieser Therapieübung.

»Keep
the fingers
crossed«-
Übung

Sauerstoff ist Leben – das Zwerchfell die Pumpe

Das Zwerchfell bildet die Grenze zwischen den beiden Lungenflügeln und den Bauchorganen. Das Zwerchfell bewegen wir ständig, im Durchschnitt 12- bis 16-mal pro Minute – also über 17.000-mal pro Tag. Deshalb muss das Zwerchfell perfekt verankert sein, damit es den jahrzehntelangen Anforderungen entspricht.

Im hinteren Bauchraum ist es fixiert an der Lendenwirbelsäule, seitlich an den Rippen und nach vorne auch am Brustbein. Es wird gebildet aus längs und quer verlaufenden Muskeln und Bindegewebsplatten.

Die optimale Form und die beste Funktion hat das Zwerchfell, wenn es die Form von zwei Kuppeln eines Domes annimmt.

Zwerchfell

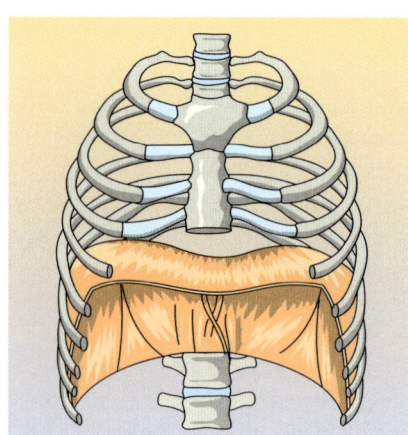

Durch diese gewölbte Form ist ein großer Bewegungsspielraum möglich, wenn sich die Zwerchfellmuskeln zusammenziehen.

Dadurch tritt das Zwerchfell nach unten, es entsteht in der Lunge ein Unterdruck und die Luft kann in die Lunge strömen.

Das besondere Zwerchfellproblem

Selbstverständlich unterliegen alle Organe in unserem Bauch der Schwerkraft. Alles orientiert sich zum Erdmittelpunkt hin, der Apfel, der vom Baum fällt, und auch die Leber in unserem Bauch. Damit die Leber und die anderen Bauchorgane nicht – wenn wir stehen oder sitzen – in das kleine Becken drängen oder uns beim Kopfstand die Lunge quetschen, sind sie mit Bändern (Ligamente) im Bauchraum fixiert.

Genau das ist das Problem des Zwerchfells, denn an ihm hängen die Leber, der Dickdarm, die Milz, zu einem Teil der Magen, die Nieren und die Bauchspeicheldrüse. Eine große Last. Diese macht es erforderlich, auch das Zwerchfell gegen zu viel Zug nach unten abzusichern. Dies funktioniert zum großen Teil über die Bandstrukturen, die zwischen den beiden Lungenflügeln verlaufen, am oberen Brustkorb fixiert sind und damit die Verbindung zu diesem Diaphragma herstellen.

Im Zwerchfell befinden sich Öffnungen, durch die Speiseröhre, Muskeln, Nerven und die Gefäße laufen. Die Öffnungen sind so eng wie möglich angelegt, das macht sie natürlich zu Schwachstellen. In der Tat gibt es an diesen Stellen auch häufiger Brüche, ähnlich dem allseits bekannten Leistenbruch.

Was kann alles blockieren?

Statistisch haben 70 Prozent aller Erwachsenen einmal pro Jahr Rückenschmerzen, häufig im Bereich der Lendenwirbelsäule. Schmerzen verändern immer den Muskeltonus, erhöhen die Grundspannung des Zwerchfells. Treten die Schmerzen nur vorübergehend auf, werden wir die Auswirkungen auf unsere Atmung meist nicht spüren. Wir würden das Problem erst bei einer Hochleistung merken. Dann geht uns schnell die Luft aus.

Hat das Zwerchfell einen konstant erhöhten Tonus, werden die Durchtrittsstellen am Zwerchfell enger und der Rückfluss aus den venösen und lymphatischen Gefäßen behindert. Dies wirkt sich rasch und nachhaltig auf alle Gefäße des Bauchraumes und die Beine aus. Wir verdauen Speisen nicht mehr so leicht wie noch vor kurzem, die Beine werden schwerer und abends dicker, auch die Lust auf Sex schwindet.

Wie kommt es zu dieser Blockade?

Alle Organe die Kontakt zum Zwerchfell haben, können eigene Störungen übertragen. Die Organe im Bauchraum weisen leider in unserer Bevölkerung bei 80 bis 90 Prozent der Erwachsenen erhebliche Störungen auf. Ob die Organe nun größer (Beispiel: Fettleber) oder schwerer werden, (Beispiel: der Dickdarm, der nur alle 2 bis 3 Tage entleert wird) – alle ziehen und zerren am Zwerchfell.

Ein anderes Beispiel Blähungen. Was passiert da? Sie erzeugen eine Druckerhöhung im Bauchraum. Das Zwerchfell muss gegen einen höheren Druckwiderstand arbeiten, was langfristig die Sauerstoffaufnahme reduziert.

Unsere psychische Verfassung beeinflusst letztlich auch unsere Atmung. Depressive Menschen haben des Öfteren das Gefühl des Lufthungers. Der Stoßseufzer zeigt uns, dass unsere innere Verspannung auch das Zwerchfells erfasst hat und wir spüren das tiefe Bedürfnis, wieder richtig durchzuatmen.

Wie spüre ich diese Blockade?

Viele Menschen haben häufig das Gefühl, dass ihnen die letzten 100 Millliliter Luft fehlen. Es ist, als würde ein eiserner Ring oder ein zu enger Gürtel im unteren Brustkorbbereich einschnüren.

Welche Rolle spielt die Blockade für den ganzen Körper?

Da das Zwerchfell den Körper in zwei Hälften teilt, wirkt sich eine Störung immer auf den ganzen Körper aus. Ein gestörter Abfluss aus der unteren Körperhälfte hat negative Folgen für alle Bauchorgane. Dabei müssen wir uns bewusst machen, dass dies auch unser

Energieorgan Nummer eins betrifft – den Dünndarm. Ein gestörter Abfluss der Lymphe ist für den Dünndarm langfristig gleichbedeutend mit Verdauungsstörung und Energieverlust.

Alle unsere Bestrebungen müssen darauf abzielen, immer über genügend Energie zu verfügen. Gerade deshalb ist es so wichtig, das Zwerchfell vor Blockaden zu bewahren.

So behandle ich die Zwerchfell-Blockade osteopathisch

Legen Sie sich bequem auf den Rücken und winkeln Sie die Beine an. Die Füße ruhen auf dem Boden. Legen Sie die Fingerspitzen beider Hände handbreit auseinander parallel unterhalb des Rippenbogens auf den Oberbauch. Erhöhen Sie jetzt den Druck Richtung Magengrube und achten Sie darauf, dass Ihre Zeigefinger den unteren Rippenrand berühren. Führen Sie Ihre Fingerspitzen weiter unter dem Rippenbogen in die Tiefe, bis Sie eine Gegenspannung fühlen. Dann ziehen Sie leicht die Finger der rechten Hand nach rechts, die der linken Hand nach links. Stellen Sie sich vor, Sie würden das Zwerchfell nach oben und zur Seite ziehen. Beim Einatmen drücken Sie gegen das Ihnen entgegenkommende Zwerchfell, beim Ausatmen folgen Sie ihm nach oben und halten den Druck bis zum nächsten Atemzyklus. Führen Sie diese Übung über mindestens 5 Atemzyklen durch.

Danach atmen Sie ruhig 5-mal tief aus und ein. Sie haben für Ihr Energiesystem eine großartige Leistung vollbracht.

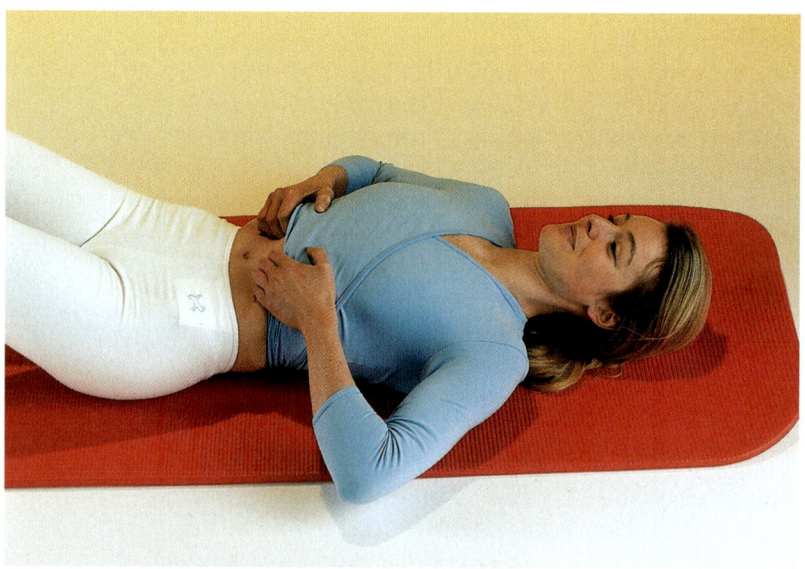

Sie werden sich auch in den nächsten Minuten leichter und wohler fühlen. Wollen Sie diesen Effekt noch steigern, schließen Sie auf jeden Fall die 5. Brokatübung an (S. 100).

Die Energiequelle Nr. 1 hat oft eine Störung

Der Dünndarm liegt im Mittelpunkt unseres Körpers und ist das Zentrum unserer Energieentstehung.

Der Dünndarm ist zwar kein Diaphragma, aber es ist das Organ, das von Störungen der Diaphragmen am stärksten irritiert werden kann, weil kein anderes Organ von einem derart umfangreichen Lymphsystem umgeben ist wie er.

Geübte Osteopathen können seine lymphatische Situation sehr genau diagnostizieren.

Da nach unserer Erfahrung bei 90 Prozent der modernen Menschen Störungen im Dünndarm vorliegen, soll er hier besonders erwähnt und behandelt werden.

Wir möchten auch, dass der Dünndarm mehr ins Zentrum Ihres Bewusstseins tritt – als das Energie-Organ Nummer eins.

Was kann alles blockieren?

Blockaden treten am häufigsten im Darmlumen auf, dort wo die eigentlichen Verdauungsprozesse ablaufen. Der zweite Ort für Blockaden sind die Dünndarmgefäße. Sie müssen alle Stoffe abtransportieren, die der Dünndarm aufnimmt. Sind dann noch Schadstoffe darin enthalten, reizen sie die Gefäße, Entzündungen und Schwellungen sind die Folge.

Osteopathen verfügen über Spezialkenntnisse, um diese schwierig diagnostizierbaren Veränderungen festzustellen. Wenn Sie sich nicht sicher sind, wie Ihre aktuelle Situation ist, sollten Sie einen Osteopathen konsultieren mit besonderer Ausbildung (»viscerale« Osteopahtie).

Wie kommt es zu dieser Blockade?

Störungen im Dünndarm sind am häufigsten bei der Fehlverdauung von Eiweiß und von Zucker (Kohlenhydrate). Essen Sie pro Tag mehr als 60 Gramm reines Eiweiß, kann Ihr Dünndarm das nicht aufnehmen – es verbleibt im Darm. Eiweiß in feuchter Wärme fängt an zu verwesen. Dabei entstehen Giftstoffe, die den Dünndarm reizen und langfristig entzünden. Eiweiß ist ein sehr wichtiger Ernährungsbaustein – aber wie so oft: Zu viel ist ungesund.

Kohlenhydrate, ganz besonders, wenn sie roh gegessen werden, sind außerordentlich gesund. Was aber, wenn Sie zu viel davon essen oder so schlecht kauen, dass sie vom Dünndarm nicht restlos aufgenommen werden können? Rohkost mit ein bisschen Zucker, in Wärme gelagert, fängt rasch an zu gären. Als Produkt entsteht Alkohol – leider meist Fuselalkohol, da der Gärungsprozess nicht ohne Luft abläuft. Das ist absolut gesundheitsschädlich. Sie können sich vorstellen, dass Fuselalkohol die zarten Dünndarmwände massiv reizt, genauso wie auch das venöse System, in dem es in Richtung Leber abtransportiert wird.

Wie spüre ich diese Blockade?

Erste Symptome sind: häufige Blähungen, Vollegefühl, innere Schwere. Ihre Dynamik lässt nach, auch die Lust sich zu bewegen.

Erst später folgen Unverträglichkeit von Speisen, mit denen Sie früher keine Verdauungsprobleme hatten, Unsicherheitsgefühle, Schwindelzustände.

Eine sehr zuverlässige Information liefert der Stuhlgang. Im Anfangsstadium ist der erste Teil fest bis hart und wird zum Ende hin immer dünner und weicher. In der weiteren Entwicklung wird der Stuhlgang immer weicher und breiiger. Ein klares Zeichen, dass Sie nicht mehr alle Energie aus Ihrer Nahrung herausfiltern können und garantiert unter Ihrem möglichen Energieniveau leben.

Welche Rolle spielt die Blockade für den ganzen Körper?

»Der Tod kommt aus dem Darm!« – dieser Spruch ist leider wahr.

Es muss ja nicht gleich der Tod sein, aber so viel ist sicher: Energielosigkeit und Lustlosigkeit haben häufig ihren Ursprung im Dünndarm.

Dagegen müssen und können Sie etwas tun. Sehr viel sogar.

So behandle ich die Blockade Dünndarm osteopathisch

Bei allen Übungen, die Sie in Ihr Programm aufnehmen, ist die Dünndarmübung mit die wichtigste. Machen Sie

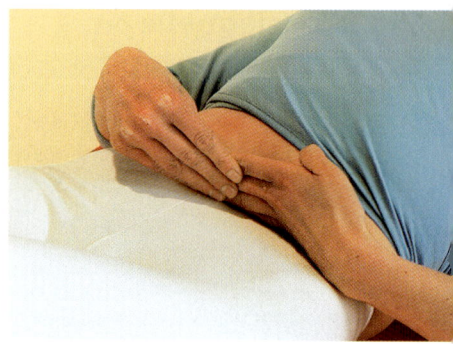

sich immer bewusst: Sie fördern damit die beste Energie-Quelle Ihres Körpers. Legen Sie sich bequem auf den Rücken und winkeln die Beine an. Die Füße ruhen auf dem Boden.

Lassen Sie die Handkante der linken Hand drei Querfinger seitlich und unterhalb des Nabels in die Tiefe des linken Bauchraumes gleiten. Die linke Hand bleibt dabei senkrecht zum Bauch. Die rechte Hand legen Sie nun auf die linke. Dann entwickeln Sie einen leichten Zug mit der rechten Hand in Richtung rechte Schulter. Auf keinen Fall darf dabei Schmerz entstehen. Sie halten diesen leichten Zug ca. 30 Sekunden und erhöhen ihn erneut ein klein wenig – immer in der schmerzfreien Zone bleiben. Steigern Sie diese Vorgehensweise circa fünf- bis achtmal. Dann atmen Sie mehrmals entspannt in den Bauchraum ein und verweilen noch ein paar Minuten in der Rückenlage.

Um die Dünndarmfunktion zu stimulieren, empfehlen wir zusätzlich die 6. Brokatübung (S. 105).

Das Tuning des Energie-Zentrums

Damit Sie immer reichlich Energie haben, hier noch ein paar Energie-Tuning-Tipps, die auf Frank Chapman zurückgehen, einen Osteopathen der ersten Stunde. Er fand eine Menge bis dahin unbekannter Schmerzpunkte, über die Organe behandelt werden können.

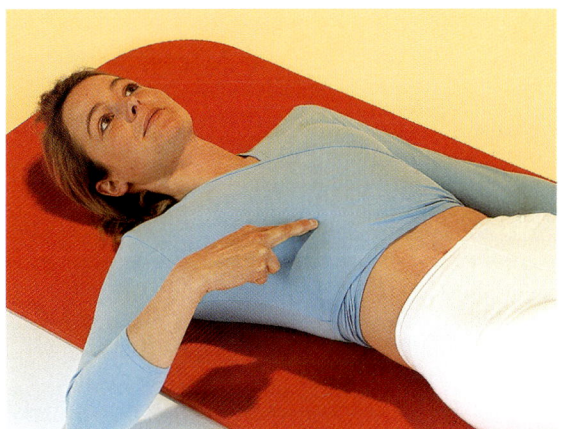

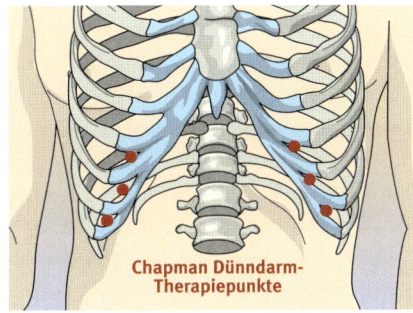

Chapman Dünndarm-Therapiepunkte

Seine Dünndarm-Punkte sind leicht zu finden und außerordentlich effektiv zu behandeln.
Sie ertasten mit den Fingerkuppen der Finger 2 bis 5 den unteren Rippenbogen vorne an Ihrem Bauch. Dann fahren Sie mit den Fingern über die unterste Rippe und fallen mit den Fingerkuppen in einen Zwischenraum, der Ihnen weich erscheint. In diesem Zwischenrippen-raum führen Sie nun die Fingerkuppe Ihres Zeigefingers zur Mitte hin, bis Sie wieder auf knöchernen Widerstand stoßen. In dieser Zone suchen Sie nun einen schmerzhaften Punkt beidseits.

Von diesem Zwischenrippenraum rutschen Sie anschließend in den nächst höheren und prüfen erneut auf Schmerzhaftigkeit. Schon jetzt analysieren Sie, welcher der Punkte links und rechts schmerzhafter ist.
Dann gehen Sie noch einen Zwischenraum höher und überprüfen mit derselben Technik.
Sie sind mit Ihrer Diagnose erst fertig, wenn Sie links und rechts jeweils 3 Punkte auf Schmerzempfindlichkeit untersucht haben.

Die Chapman-Dünndarm-Therapiepunkte am unteren Brustkorb

So behandle ich die Chapman-Punkte osteopathisch

Danach starten Sie mit der Therapie des schmerzhaftesten, anschließend kommen die weniger schmerzhaften Punkte dran. Bei der Chapman-Punkt-Therapie müssen Sie mindestens 30 Sekunden den schmerzhaften Punkt fest drücken. Die beste Wirkung erzielen Sie, wenn

Sie sich vorstellen, Sie müssten aus dem Punkt Wasser herausquetschen und dies mit leichter Rotation nach links und rechts durchführen.

Die Reparatur des Tores zur Harmonie

Leider existieren viele Möglichkeiten, die Harmonie unseres Verdauungssystems zu stören. Die beste Therapie ist sicher bewusste Ernährung. Deshalb lesen Sie sich unser kurzes Ernährungskapitel bitte genau durch.

Es kann Ihnen helfen, das Tor zur Harmonie zu reparieren und das ist bei den meisten sich modern ernährenden Menschen reparaturbedürftig.

Unser Darmsystem ist so konstruiert, dass Dünndarm und Dickdarm durch eine Klappe (»Bauhin-Klappe«) voneinander getrennt sind.

Dies macht Sinn, da die Funktionen des Dünn- und Dickdarms völlig unterschiedlich sind. Sie würden wahrschein-

lich einen Uhrenmacher auch nicht im selben Raum wie einen Hufschmied arbeiten lassen, sondern den beiden wichtigen Handwerkern zwei separate Räume geben, die eine dichte Tür trennt. Genau so ist das auch von der Natur vorgesehen.

Bei den meisten Menschen schließt aber diese Tür nicht mehr perfekt. Und vergleichbar mit dem Staub und Ruß des Hufschmieds, mit dem sich der Uhrenmacher auseinander setzen muss, wird der Dünndarm in seiner Funktion gestört, wenn aus dem Dickdarm Bakterien, die dort normal sind, in den Dünndarm aufsteigen. Die »Schleuse« zwischen beiden Räumen muss funktionieren.

Der Dünndarm ist für die meisten Bakterien ein Schlaraffenland. Nährstoffe, die der Dünndarm aus dem Speisebrei für den Körper resorbieren soll, sind hier in Hülle und Fülle. Im Dickdarm kommen diese bei normaler Nährstoffaufnahme nicht mehr an.

Was kann alles blockieren?

Es sind immer zwei Dinge, die blockieren können und die meist untrennbar miteinander verbunden sind: die Struktur und die Funktion.

Was passiert bei einer »Sommer-Durchfallgrippe«?

Sie haben eine Süßspeise nicht in den Kühlschrank gestellt. Die Keime vermehren sich rasch. Sie naschen, nichts ahnend. Wenige Stunden später meldet sich das System mit einem massiven

Übergang
Dünndarm-
Dickdarm

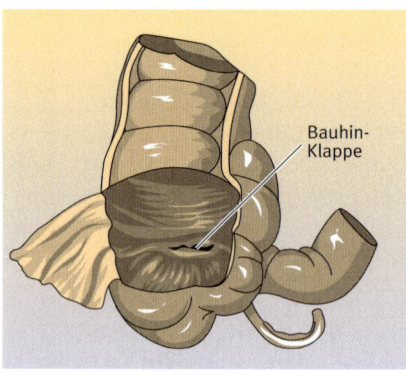

Bauhin-
Klappe

Durchfall. Ihren Bauch darf man fast nicht berühren, selbst den Hosenbund erleben Sie schon als unangenehm beengend. Der ganze Darm ist entzündet. Die Struktur leidet.

Aber die Funktion leider auch. Wenn sich auch der Übergang Dünndarm-Dickdarm entzündet, wird die Schleuse zwischen den beiden Darmabschnitten undicht. Das kennen Sie von einem Schifffahrtskanal. Eine defekte Schleuse kann ein ganzes Kanalsystem gefährden. Nicht anders geht es unserem Darm.

Wie kommt es zu dieser Blockade?

Besonders spürbar sind die Probleme, wenn sie sich mit großer Vehemenz entladen, wie beim Durchfall. Viel häufiger aber entwickeln sich Probleme schleichend und wir arrangieren uns irgendwie damit. Zum Beispiel: Verstopfung und Blähungen.

Beide können die Funktion der wichtigen Schleuse zwischen Dünn- und Dickdarm stören. Blähungen öffnen das Tor und Verstopfungen lassen es erst gar nicht schließen.

Wie spüre ich diese Blockade?

Leider existieren keine sicheren, eindeutigen Zeichen für eine Blockade der Schleuse zwischen Dünndarm und Dickdarm. Der Osteopath kann sie auch nur über indirekte Untersuchungszeichen diagnostizieren. Der Internist kann die Schließfähigkeit bei einer Darmspiegelung beobachten.

Sie selbst spüren die Blockade erst, wenn sie schon zu einer Funktionsstörung des Dünndarms geführt hat. Diese machen sich am ehesten bemerkbar durch Abgeschlagenheit, rasche Ermüdbarkeit, Tagesschläfrigkeit.

Welche Rolle spielt die Blockade für den ganzen Körper?

Hat der Dünndarm ein Problem, hat der Mensch ein Problem! Das beschränkt sich aber nicht nur auf unser Verdauungsorgan. Allzu oft wird vergessen, dass 80 Prozent unserer gesamten Abwehrleistung im und um den Dünndarm herum erzeugt wird. Logische Konsequenz müsste eigentlich sein, täglich ein paar wenige Minuten für das Tuning dieses Organs zu verwenden.

Dazu gehört auch die Therapie der Klappe zwischen Dünn- und Dickdarm. Erst wenn dieses »Tor« jeden Tag optimal funktioniert, entwickelt sich eine Harmonie im Verdauungstrakt.

So behandle ich die Blockade des Tors der Harmonie osteopathisch

Sie legen sich bequem auf den Rücken und winkeln das rechte Bein an, das linke kann entspannt gestreckt bleiben.

Lassen Sie die Handkante der rechten Hand drei Querfinger seitlich und drei Querfinger unterhalb des Nabels in die Tiefe des rechten Bauchraumes gleiten. Die rechte Hand bleibt dabei senkrecht zur Bauchdecke. Die linke Hand legen

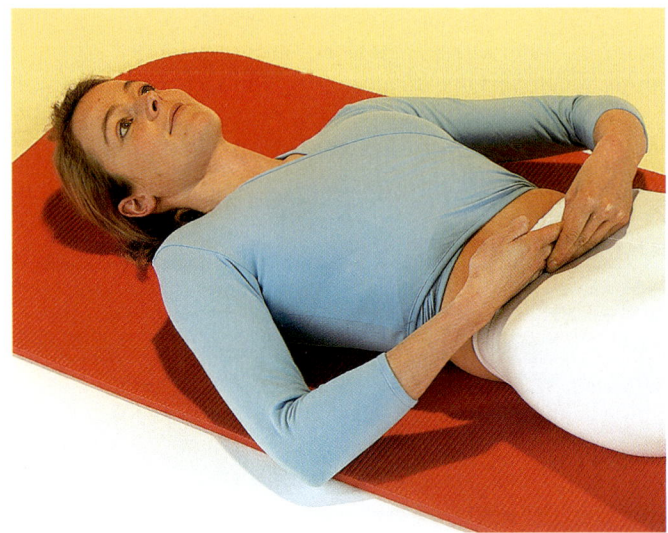

Der Beckenboden

Wenn Sie Ihre beiden Hände zu einer Schale formen, haben Sie ein Bild vor sich, das dem Beckenboden gleicht. Diese Schale dient dazu, den Bauchraum nach unten sicher abzuschließen. Dies ist die erste Aufgabe des Beckenbodens. Formen Sie mit Ihren beiden Händen nicht eine flache, sondern eine etwas steilere Schale, bildet sich bei Ihren kleinen Fingern ein Loch. Die zweite Aufgabe des Beckenbodens ist ein funktionierendes Schließ- und Öffnungssystem zu bilden. Dazu ist ein kompliziertes System aus Muskeln, Faszien und Bändern nötig. Wer schon einmal in der misslichen Lage war, dass dieses System versagte, weiß um die unangenehmen Folgen. Zunehmend jüngere Menschen leiden unter Blasenschwäche, besonders ältere Menschen unter einer Schwäche des Darmschließmuskels.

Sie nun auf die rechte. Dann entwickeln Sie einen leichten Zug mit beiden Händen in Richtung rechte Schulter. Auf keinen Fall darf dabei Schmerz entstehen. Sie halten diesen leichten Zug ca. 30 Sekunden. Sie erhöhen den Zug zur rechten Schulter ein klein wenig und halten diesen Zug erneut 30 Sekunden, dabei immer in der schmerzfreien Zone bleiben.

Anschließend noch ein drittes Mal mit einem nochmals ganz wenig erhöhten Zug durchführen.

Dann atmen Sie mehrmals entspannt in den Bauchraum ein und verweilen noch ein paar Minuten in der Rückenlage.

Um den Übergangsbereich Dünndarm-Dickdarm zu stimulieren, empfehlen wir zusätzlich die 3. Brokatübung (S. 94).

Da der Beckenboden zum großen Teil aus Muskeln besteht, ist es verständlich, dass dieses System nur trainiert bleibt, wenn es viel bewegt wird. Das ist aber bei der heutigen Bewegungsarmut meist nicht mehr der Fall.

Hinzukommt, dass die Grundspannung der Beckenbodenmuskeln Umwelteinflüssen unterliegt. Durch elektrophysiologische Untersuchungen konnte man nachweisen, dass Schmerz, Angst, Wut und Stress den Muskeltonus erhöhen, wohingegen Freude, positive Gefühle und Empfindungen ihn reduzieren.

Eine dauerhaft erhöhte Grundspannung vermindert immer die Blut- und Lymphzirkulation und damit langfristig auch die Regenerationsfähigkeit. Vordergründige Folgen sind: Blasensenkung, Harnträufeln (Inkontinenz), Blasenentzündungen. Ein weit weniger beachtetes Problem entsteht dadurch, dass die Lymphgefäße und die venösen Blutgefäße, die von den Beinen Richtung Herz ziehen, diese Stelle der erhöhten Grundspannung passieren müssen.

Mögliche Folgen: kalte Füße, abendliches Anschwellen der Beine, Schweregefühl in den Beinen, rascheres Ermüden der Beine.

> Ideal für den Beckenboden ist tägliche Bewegung und das tägliche Qi Gong, da es einen ständigen Wechsel zwischen An- und Entspannung der Beckenbodenmuskulatur bewirkt.

Was kann alles blockieren?

Alle Organe haben die Tendenz, sich Richtung Erdmittelpunkt auszurichten. Sie folgen der Schwerkraft. Da der bewegungsarme Mensch überwiegend sitzt oder steht, muss sich die Beckenbodenmuskulatur ohne Wechsel von Anspannung und Entspannung stundenlang dieser Belastung stellen.

Da die Beckenbodenmuskeln am Kreuzbein und Steißbein ansetzen, ziehen sie ständig an diesen knöchernen Strukturen und verändern deren Position. Die Osteopathen mussten feststellen: »Wenn Knochen und Muskeln miteinander kämpfen, gewinnen die Knochen nie!« Sie werden von den Muskeln in eine falsche Position gezogen und verursachen dadurch meist Schmerz.

Wie kommt es zu dieser Blockade?

Zu hohe innere Anspannung, permanenter Druck durch Termine von außen, nicht den Darm oder die Blase entleeren können, wenn man den Drang verspürt, dauerhafter Bewegungsmangel sind die häufigsten Blockade-Förderer.

Wie spüre ich diese Blockade?

Wir haben schon einige Symptome erwähnt, die Sie in Ihren Beinen spüren. Aber damit nicht genug. Die erhöhte Anspannung der Beckenbodenmuskeln überträgt sich auf die Umgebung. Davon können alle Organe des kleinen Beckens betroffen sein, weil die Blutzirkulation abnimmt. Der Enddarm zeigt sich gereizt, die Reinigung des Afters nach dem Stuhlgang ist unangenehm bis schmerzhaft. Auch tief sitzende Schmerzen im Beckenbereich nach Darm- oder Blasenentleerung, nächtliche krampfartige Schmerzen im Unterleib weisen auf eine Blockade im Beckenbodenbereich hin.

Welche Rolle spielt die Blockade für den ganzen Körper?

Der Beckenboden beherbergt die zwei wichtigsten Schleusen des Körpers zur Außenwelt. Jede Art von Störung hat negative Folgen auf die Innenwelt, sowohl körperlich (»ich verliere Urin beim Husten«) als auch geistig und emotional (»jetzt werde ich alt und gebrechlich«). Das muss alles so nicht sein. Sie können jeden Tag ein paar Minuten für die nächste Übung und die entsprechenden Qi-Gong-Übungen reservieren.

So behandle ich die Blockade osteopathisch

Sie legen sich entspannt auf die rechte Körperhälfte, Hüfte und Knie sind bequem gebeugt. Sie führen nun die Fingerspitzen von Zeige- bis Ringfinger der linken Hand über den rechten Gesäßmuskel Richtung After. Auf diesem Weg spüren Sie drei bis vier Zentimeter vor dem After einen Knochen – den Sitzbeinhöcker. Über diesen lenken Sie Ihre drei Finger hinweg in die Tiefe. Dabei bleiben Sie in Kontakt zum Sitzbeinhöcker, Ihre Fingerspitzen üben nun einen Druck aus in Richtung Bauch. Nun atmen Sie tief ein, bis Sie das Gefühl haben, dass die Einatmung im Beckenboden ankommt und für Ihre Finger wahrnehmbar ist.

Sie halten die Spannung und atmen fünf bis sieben Mal langsam und nachhaltig durch. Danach entspannen Sie in Seiten- oder Rückenlage, was Ihnen angenehmer erscheint.

Dann wiederholen Sie dieselbe Übung in Linksseitenlage mit der entsprechenden Technik.

Um das Zusammenspiel von Zwerchfell und Beckenboden-Diaphragma zu harmonisieren, empfehlen wir die 5. Brokatübung (S. 100).

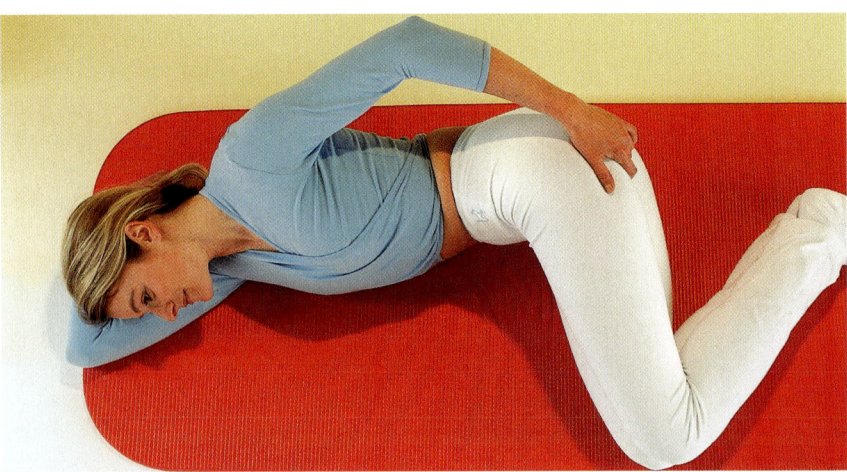

Der Stau im kleinen Becken

Wozu ist eine Fruchtschale gut? Sie soll empfindliche Früchte sicher aufbewahren.

Wenn wir uns den Beckenboden als schützende Schale vorstellen, dann gilt es, die Organe des kleinen Beckens zu schützen:

- den Enddarm und Mastdarm
- die Prostata oder Gebärmutter
- die Blase.

Beim Mann kann zusätzlich noch Hoden und Penis als »ausgelagert« dazugezählt werden, da sie über das kleine Becken versorgt werden.

Das kleine Becken beherbergt also auch Organe, die stark von unseren Trieben gesteuert werden.

Wie wichtig diese Organe für die Lebensfreude sind, erkennen wir meist erst dann, wenn sie in ihrer Funktion nachlassen.

Was kann alles blockieren?

Die Organe des kleinen Beckens blockieren nur selten total. Ein medizinischer Notfall wäre die akute Harnverhaltung, bei der die Harnblase nicht mehr willentlich entleert werden kann. Gründe können sein eine Prostatavergrößerung, eine nervliche Störung des Blasenschließmuskels, z. B. im Zusammenhang mit einem massiven Bandscheibenvorfall der Lendenwirbelsäule.

Viel häufiger sind jedoch Störungen, die schleichend auftreten.

Der Darm entlässt häufiger unkontrolliert Winde, der Harnstrahl verkümmert, man muss öfter zur Toilette, nachts häufiger aufstehen, aber, es tropft nur und träufelt nach, Entzündungen treten auf. Die Ursachen vermuten wir im Nachlassen der Hormonproduktion im Alter, dem Elastizitätsverlust des alternden Gewebes, der verminderten arteriellen Durchblutung der Organe infolge Gefäßverkalkung, aber auch in der venösen und lymphatischen Stauung im kleinen Becken.

Wie kommt es zu dieser Blockade?

Werden die Leber und der Magen durch die Bewegungen des Zwerchfells noch stark mitbewegt, so wird diese Bewegung, je weiter wir in das kleine Becken kommen, immer weniger spürbar. Kommt nun noch ein erhöhter Druck im Bauchbereich hinzu durch Blähungen und Verstopfung – was leider bei sehr vielen Menschen der Fall ist – mindert dies zusätzlich die Durchblutung in diesen Organen.

Der Druck in einem stark geblähten Bauch kann so hoch sein, dass der lymphatische Rückstrom fast ganz zum Stillstand kommt.

Wie spüre ich diese Blockade?

Im Zentrum des kleinen Beckens werden die Organe geschützt oder auch von hier aus unterstützt, die für einen Teil der sexuellen Lust und Lustempfindung stehen. Allein dadurch gewinnen sie eine hohe Wertschätzung im menschlichen Leben. Natürlich kann der Rückgang sexueller Lust viele Ursachen haben. Wenn er jedoch zu früh und zu schnell einsetzt, entstehen energetische Blockaden.

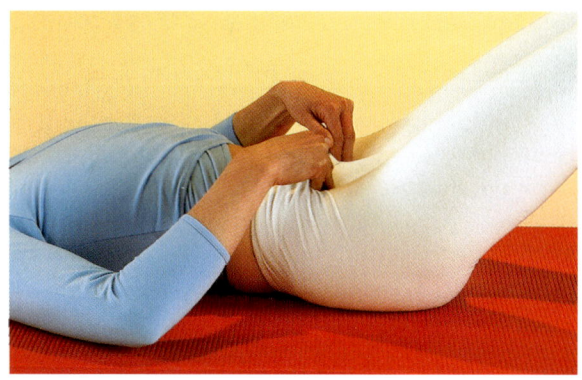

Ähnliches ist bei Menschen zu beobachten, die den Urin oder Darminhalt nicht mehr absolut kontrolliert halten können. Am Ende steht immer eine gesellschaftliche Isolierung.

Welche Rolle spielt die Blockade für den ganzen Körper?

Der Mensch leidet, wenn er seine Triebe und die normalen Bedürfnisse des Alltagslebens nicht befriedigen kann. Langfristige Störungen enden meist auch in mentalen und emotionalen Blockaden.

So behandle ich die Blockade osteopathisch

Sie legen sich ganz entspannt auf den Rücken, beide Beine sind angewinkelt. Mit den Fingern beider Hände tasten Sie Ihr Schambein. Führen Sie Ihre Fingerspitzen an den bauchnahen Rand des Schambeins und lassen Sie beide Hände mit gestreckten Fingern in die Tiefe gleiten – ganz vorsichtig – Schmerz sollte nicht entstehen.

In der Tiefe spüren Sie einen Widerstand. Von diesem Bereich aus üben Sie einen leichten Zug für ca. 30 Sekunden zum Bauchnabel hin aus.

Nach kurzer Pause verstärken Sie den Zug erneut für 30 Sekunden – nicht loslassen – sondern den Zug halten. Führen Sie diese osteopathische Therapie fünf bis sieben Mal am Stück durch. Danach gönnen Sie sich eine kleine Pause.

> Wenn Sie Blasenstörungen, Prostatavergrößerung oder eine vergrößerte Gebärmutter aufweisen, sollten Sie sich unbedingt regelmäßig in ärztliche Kontrolle begeben. Ergänzend empfehlen wir aber anfänglich täglich, dann mindestens einmal pro Woche, diese Übung neben den täglichen Qi-Gong-Übungen.

Um die Organe des kleinen Beckens, besonders die Blase und die Geschlechtsorgane zu stimulieren, empfehlen wir zusätzlich die 6. Brokatübung (S. 105).

OHNE KLAREN KOPF KEIN ERFOLGREICHES ÜBEN

Wie war Ihr Tag heute? Sitzen Sie müde, ausgepowert und lustlos auf dem Sofa, spüren jede Verspannung des Körpers und blättern in diesem Buch, ohne zu wissen, ob Sie gleich noch beginnen werden zu üben oder nicht. Nein?! Es fällt Ihnen schwer ruhig zu sitzen, Sie sind aufgekratzt, tausend Dinge gehen Ihnen durch den Kopf. Sie können sich nur schwerlich vorstellen, in den nächsten Minuten ruhig zu stehen und mit dem Üben zu beginnen.

Die täglichen An- oder Unterforderungen produzieren Verhaltensweisen und Denkstrategien, die zu komplexen Vorgängen im Körper führen und uns in unserem Fühlen und Handeln massiv beeinflussen.
Ein bewegungsreicher, hektischer Alltag hat genauso muskuläre Verspannungen zur Folge wie ein bewegungsarmer, monotoner Arbeitstag. Betroffen sind dabei nicht nur Hals- und Nackenmuskulatur, obere und untere Rückenmuskulatur, Bauchmuskulatur, Hüft- und Beinmuskulatur, sondern auch die Gesichts- und Augenmuskulatur. Außerdem tun Ihre antreibenden Denkstrategien ein Übriges dazu:
• Erledige alles schnell!
• Zeige keine Schwächen!
• Strenge dich an und gib dein Bestes!
• Sei ein perfekter Partner für alle Menschen in deiner Nähe!

In Ihrem Körper geht es zu wie auf einem Kirmesplatz. In Ihrem Kopf kreisen die Gedanken, wie die Sitze eines Kettenkarussells, in Ihrem Bauch fahren die Gefühle Achterbahn und das Herz schlägt rasend im Takt dazu. Wahrlich keine guten Voraussetzungen für das Lernen und Üben.

Entspannungsgymnastik

Summen Sie Ihre Melodie, ziehen Sie den Telefonstecker heraus, stellen die Klingel ab, breiten eine Decke auf dem Boden aus und legen eine ruhige, entspannende Musik auf und beginnen Sie mit der Entspannungsgymnastik. Bevor Sie die erste Übung durchführen noch einige Anmerkungen:
• Nehmen Sie in Rückenlage eine Überstreckung Ihrer Halswirbelsäule wahr, dann legen Sie sich ein Kissen unter den Kopf.
• Versuchen Sie nicht sofort alle Übungen umzusetzen. Wählen Sie die Bereiche aus, in denen Sie eine besondere Anstrengung oder Müdigkeit verspüren.
• Es gibt keine zeitliche Begrenzung und auch keine festgelegte Wiederholungszahl. Sie entscheiden, wann es genug ist.

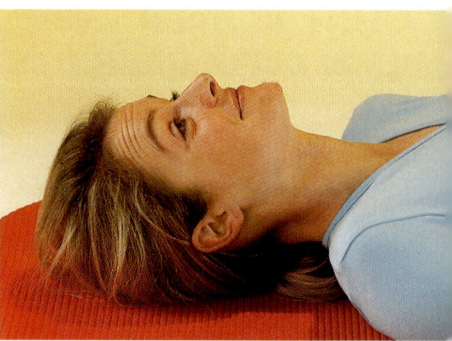

Hinweis!
Kissen
unterlegen

Rechts:
Stirn in
Falten legen

• Schmerzen sind ein Signal des Körpers, welches Sie respektieren sollten. Führen Sie die Bewegungen in diesem Fall so aus, dass Sie sich noch wohl dabei fühlen.

• Gönnen Sie sich eine kurze »Nachspür-Phase« zwischen den Übungen.

Stirn

Zur Einstimmung konzentrieren Sie sich für einen Moment auf Ihren Atemrhythmus:
Einatmen – ausatmen – Atempause
»Den Atem gelöst kommen lassen, mit dem Ausatmen Spannung herauslassen, warten bis zum nächsten Atemzug.«
Mit dem Einatmen bauen Sie etwas Spannung im Bereich der Stirn und der Augenbrauen auf – »die Stirn in Falten legen«. Mit dem Ausatmen löst sich diese Spannung wieder. Diesen Vorgang mehrmals wiederholen, sooft wie es Ihnen gut tut.

Hände über
den Augen

Danach richten Sie Ihre Aufmerksamkeit zwischen die Augenbrauen, hier liegt

das obere Energiezentrum (= Dantian), und lassen dieses Areal ganz weich werden.

Augen

Sie reiben beide Hände gegeneinander und legen die warmen Handflächen auf die Augen. Nach kurzer Zeit die Hände wieder neben den Körper legen, die Augen jedoch geschlossen halten. Stellen Sie sich vor, um Sie herum wird es hell, Ihre Augen werden weit und entspannen sich wieder. Diesen Vorgang einige Male wiederholen.

Hals- und Nackenmuskulatur

Im Atemrhythmus eine kleine Nickbewegung durchführen, ohne den Kopf von der Unterlage anzuheben. Aufmerksam ausloten, wo das Ende der Bewegung ist. Die geradlinige Bewegung durch eine stehende Acht ersetzen. Die Nase beschreibt eine Achterschleife, den Bauch der Acht etwas größer zeichnen, den Kopf etwas kleiner. Betont langsam kreisen!

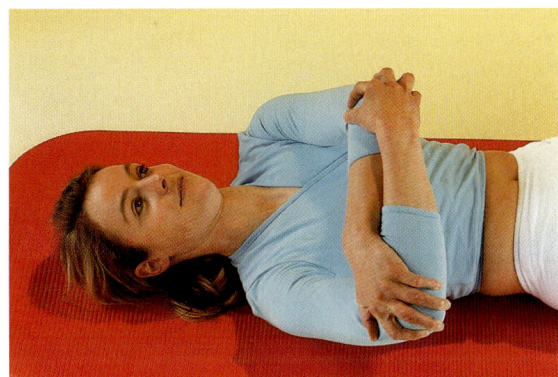

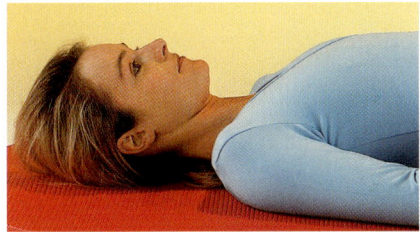

Obere Rückenmuskulatur

Die rechte Hand greift den linken, die linke Hand den rechten Ellenbogen, die Unterarme beschreiben einen Kreis über die Bauchdecke, zur Seite, über die Stirn zur anderen Seite. Ihre Aufmerksamkeit ruht jedoch zwischen den Schulterblättern. Entdecken Sie, was die Bewegung in diesem Bereich bewirkt.

Untere Rückenmuskulatur

Beide Füße anziehen. Stellen Sie sich vor, in Ihrem Becken liegt eine kleine, bunte Murmel. Diese Murmel rollt durch eine kleine Bewegung in der Lendenwirbelsäule von dort zum Steißbein und wieder zurück – ein leichtes Hohlkreuz machen und den Rücken wieder flach auf die Unterlage bringen. Allmählich dehnt sich die Bewegung weiter aus, die Murmel rollt immer mehr Richtung Brustwirbelsäule und wir lassen sie wieder langsam ins Becken zurückrollen. Wie bei einer Perlenkette, die man von

Kreisende Arme
Links: Nickbewegung

Hinweis!
Kissen zur
Seite legen

dass beide Arme und Schultern noch Kontakt mit der Unterlage halten.

Im Anschluss an diese Übung konzentrieren Sie sich auf den Bereich zwischen beiden Brustwarzen – hier liegt das mittlere Energiezentrum – und stellen sich vor, wie dort alles frei und gelöst ist.

einem Tisch anhebt, löst sich Wirbel für Wirbel von der Unterlage und kehrt Wirbel für Wirbel dorthin zurück.

Alternativ wäre es möglich, die Murmel nur einen kleinen Kreis im Becken beschreiben zu lassen.

Wirbelsäule

Beide Beine angewinkelt lassen und entspannt von rechts nach links bewegen. Die Arme liegen seitlich, sodass die Handfläche zur Decke zeigt. Es ist nicht wichtig, wie weit Sie die Beine zur Seite kippen, sondern dass eine sanfte Bewegung in der Wirbelsäule entsteht. Sie bewegen in jedem Fall die Beine nur soweit,

Becken und Beine

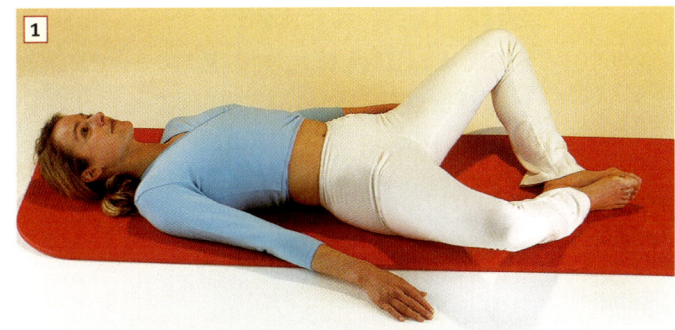

Die Fußsohlen gegeneinander legen und beide Knie nach außen fallen lassen (1). Für ein paar Atemzüge in dieser Position verweilen. Anschließend die Beine zum Bauch nehmen und mit beiden Händen in die Kniekehle fassen. Die Beine soweit zur Decke strecken, bis ein sanftes Ziehen in der Beinrückseite entsteht (2). Diese Kombination mehrmals wiederholen.

Atmung

Zum Abschluss beide Hände unterhalb des Nabels auf die Bauchdecke legen und tiefe, ruhige Atemzüge einkehren lassen (3). Wölbt sich die Bauchdecke den Fingern entgegen, drücken diese eine kleine Delle in die Haut, die beim Ausatmen wieder verschwindet. Nach einer gewissen Zeit die Hände wieder neben den Körper legen und versuchen, den tiefsten Punkt der Atmung wahrzunehmen. Danach sich entspannt strecken, räkeln, durch Bewegen über das Sitzen langsam wieder zum Stehen kommen.

Bauch-
atmung

MIT DER KRAFT DER GEDANKEN ZU RUHE UND ENERGIE

Qi Gong ist unter der Zielsetzung entstanden, die Gesundheit des Menschen zu erhalten bzw. wieder herzustellen. Dafür bedurfte es einfacher Übungen, die in jedem Alter von allen durchgeführt werden konnten. In unseren Augen sehen sie zunächst schwieriger aus, als sie letztendlich sind. Auch die nachfolgenden Bewegungsaspekte scheinen im ersten Moment etwas fremd zu sein. Genauer betrachtet sind sie aber Bestandteil unseres Lebens, nur wir beachten sie zu wenig. Oder gibt es Ihnen kein gutes Gefühl, wenn Sie mit beiden Füßen fest im Leben stehen oder wenn alles rund läuft? Als grundlegende Fähigkeiten für das Üben werden immer folgende allgemeine Fähigkeiten benannt:

- (Körper-)Bewegung
- Atmung
- Vorstellungskraft.

(Körper-)Bewegung

Sich im Alltag zu bewegen fällt in der Regel leicht. Eine neue Sportart zu erlernen fällt, dem einen leichter, dem anderen schwerer. Auch mit dem Qi Gong wird es so sein. Diese anmutigen Bewegungen üben in ihrer Weichheit und Eleganz eine große Faszination auf den Betrachter aus. Beim Selbstüben entsteht dann allerdings die Angst etwas falsch zu machen oder sich dabei »dumm anzustellen«. Diese Sorge ist aber unbegründet, denn beim Qi Gong bewegen sich zunächst einmal nur die Arme und der Kopf, die Beine bleiben ruhig stehen, das erleichtert das Ganze für Sie.

Achten Sie auch immer darauf, dass Sie sich nicht überfordern. Es gibt keine optimale Bewegung, sondern die Gestaltung der Bewegung muss zu Ihren momentanen Fähigkeiten passen.

Gehen ist für Sie mit Sicherheit eine vertraute Bewegung, leider ist uns nicht mehr bewusst, wie es war, als wir es als Kind gelernt haben. Wie wach in diesem Moment unsere Sinne waren, wie aufmerksam wir jede Reaktion in unserem Körper beobachtet und gespeichert haben, genauso wird es mit dem Qi Gong sein. So wie jeder Mensch sein eigenes Gangbild hat, so hat jeder Mensch sein ureigenes »Qi-Gong-Bild«. Also, es wartet etwas Spannendes auf Sie, etwas, dass Sie über die äußere Bewegung auch innerlich in Bewegung bringt.

Atmung

Der Atem gilt als Spiegelbild unserer Seele. Fühlen wir uns wohl, sind ausgeglichen, haben keine Beschwerden und unsere Diaphragmen sind frei, dann läuft die Atmung ruhig, gleichmäßig und tief – wie bei Ihnen im Moment. Sie werden sich sagen, ja im Augenblick sitze ich ja und habe meine Ruhe. Allerdings bei einer entspannten Wanderung oder Radtour wird sich nur unwesentlich etwas an Ihrer Atmung ändern, sie wird vielleicht etwas schneller werden, aber immer noch gleichmäßig und tief sein. Nur wenn wir bei körperlichen Aktivitäten unserer Atmung nicht davonlaufen, sie durch übermäßige Anspannung »wegpressen«, kann sich Ruhe und Erholung einstellen. Hetzen wir dagegen der Gruppe atemlos hinterher, hält sich der Entspannungseffekt in Grenzen, die Aktivität wird zu einer Anstrengung, die Müdigkeit und Kraftlosigkeit produziert. Gleiches gilt für die Übungspraxis im Qi Gong. Erfahrungsgemäß läuft der Atem im Übungsrhythmus, es sei denn Sie setzen sich unnötig unter Druck, es ja richtig machen zu wollen. In diesem Fall werden Sie sich häufiger dabei ertappen, wie Sie die Luft anhalten. Versuchen Sie dann die Übungen weniger betont auszuführen und genießen Sie zunächst den weichen Bewegungsfluss.

Vorstellungskraft

Vielleicht können Sie sich an eine Situation erinnern, in der Sie auch etwas Neues erlernen wollten. Gut gemeinte Bewegungsvorschläge und Handlungsanweisungen wurden Ihnen gegeben und trotzdem haben Sie sich schwer getan. Plötzlich hat Ihnen jemand einen Tipp gegeben, indem die Bewegung mit einer Ihnen vertrauten Aktivität in Beziehung gesetzt wurde und schon ging es deutlich leichter. Vorstellungskraft geht im Qi Gong aber noch über das Moment des Lernens hinaus. Sie werden sehen, jede der Übungen hat einen eigenen Titel. Dieser Titel soll der Bewegung zum einen eine bestimmte Form geben und zum anderen die Ausführung mit Leben erfüllen, z. B. stellen Sie sich vor, wie Sie in Ihrer Kindheit einen selbst gebastelten Bogen gespannt haben, um mit dem Pfeil auf ein imaginäres Ziel zu schießen.

In einem späteren Übungsstadium wäre es denkbar, das Qi über die Vorstellung in ganz bestimmte Richtungen zu lenken, um so den Effekt der Übungen noch zu verbessern.

Wie bei vielen Sportarten bzw. Freizeitaktivitäten gibt es auch im Qi Gong bestimmte Prinzipien, die Ihnen das Üben erleichtern und für Sie wirksamer machen. So wie beim Joggen auf die Körperhaltung, Atmung und Schrittgestaltung geachtet wird, um das Ganze ökonomischer und effizienter zu machen, wird im Qi Gong bei der Durchführung auf bestimmte Haltungs- und Bewegungsaspekte geachtet. Bei den nachfolgenden acht Übungsprinzipien handelt es sich um Elemente, die Sie beim späteren Erlernen der acht Brokatübungen immer wieder finden. Allerdings haben diese Vorübungen für sich schon einen gewissen Stellenwert und sind mehr als nur Beigabe oder Vorgeplänkel. Die Erfahrung lehrt, dass der Alltag von Ihnen lebendiger wird, wenn Sie einzelne Aspekte aus diesen Übungen dort einfließen lassen. Das nächste Mal, wenn Sie im Supermarkt an der Kasse stehen, ärgern sie sich nicht mehr, dass derjenige vor Ihnen einen vollen Wagen hat, nehmen Sie eine dieser acht Grundübungen und probieren Sie sie aus, und wenn es nur in Gedanken ist.

- Verwurzelung
- Aufrichtung
- Zentrierung
- Rundheit
- Gleichmäßigkeit
- Steigen und Sinken
- Öffnen und Schließen
- Die Vereinigung der Sieben.

Für die folgenden Übungen nehmen Sie sich so viel Zeit, wie Sie möchten. Lieber nur eine Übung pro Tag, die dafür aber mit viel Hingabe durchgeführt, bringt Sie auf Ihrem Weg weiter, als drei oder vier oberflächlich absolviert. Für den Fall, dass Ihnen ein bildlicher Vergleich, den Sie angeboten bekommen, nicht gefällt, dann ersetzen Sie ihn durch einen anderen, der in Ihren Augen genau dasselbe symbolisiert.

Mit beiden Beinen fest im Leben: Verwurzelung

Mächtige Bäume haben auf uns Menschen sehr oft eine magische Anziehungskraft. Sich gegen den Stamm eines Baumes zu lehnen, gibt ein Gefühl von Sicherheit und Kraft. Weshalb? Verleiht uns die imposante Statur dieses Gefühl oder ist es das Wissen um seine Vergangenheit. Wie vielen Stürmen und Unwettern hat er schon getrotzt, ohne Schaden zu nehmen. Wir wissen aber auch, nicht jeder Baum steht gleich fest. Derjenige mit einer tiefen Wurzel hält leichter stand, im Gegensatz zu dem mit einem oberflächlichen Wurzelgeflecht. Im Qi Gong, wie auch im Taiji quan, gilt der feste Stand als eines der zentralsten Prinzipien. Wie bei einem Baum gilt: Der Stamm (= die Beine) ist fest und stabil, die Zweige (= Rumpf und Arme) sind weich und beweglich.

Um die Verwurzelung noch deutlicher zu machen, werden die Füße in Gedanken in den Boden geschraubt, ohne allerdings dabei zu verspannen.

Praktische Übung

Stellen Sie sich bitte für einen kurzen Moment Ihre Füße direkt nebeneinander, sodass sich die Knöchel berühren. Schließen Sie kurz beide Augen – was geschieht? Wählen Sie nun eine Fuß-

breite, die Ihnen mehr Sicherheit gibt –
wie breit stehen Sie jetzt? Hüft- bis
schulterbreit, dann wäre es gut! Die
Füße stehen in der Qi-Gong-Grundstel-
lung parallel und hüft- bis schulterbreit
auseinander. Lenken Sie Ihre Aufmerksamkeit nun auf Ihre Füße und beginnen
ganz leicht hin und her zu schwanken.
Sie nehmen dabei den Druck in der
Ferse und danach im Vorfuß deutlich
wahr. Das Schwanken allmählich ausklingen lassen, bis Sie auf einem Dreieck aus Ferse – Kleinzehenballen –
Großzehenballen zu stehen kommen.

Hinweis:
Sollten Sie sich in der parallelen
Fußstellung nicht wohlfühlen, dann
können die Fußspitzen auch leicht
nach außen zeigen.

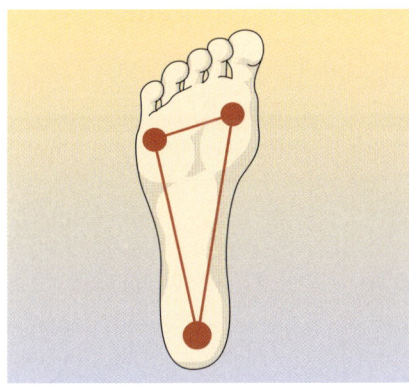

Ihr Fuß sinkt etwas ein, als würden Sie
auf einem weichen Boden stehen. Ihre
Fußgelenke sind ganz weich und locker.

Zum Abschluss beugen und strecken Sie
Ihre Beine im Kniegelenk. Die Kraft für
diese Bewegung holen Sie aber nicht
aus den Oberschenkeln, wie bei einer
Kniebeuge, sondern aus Ihren Füßen,
die ja fest auf dem Boden stehen.

Links:
Fußdreieck

Aufrecht durch das Leben: Aufrichtung

Wenn Sie eine sitzende oder stehende
Tätigkeit ausüben, dann kennen Sie das
anstrengende Gefühl aufrecht sitzen
oder stehen zu wollen. Schon nach
wenigen Minuten geben wir resigniert

auf, obwohl wir wissen, dass die aufrechte Körperposition vor allem für unsere Wirbelsäule eine enorme Entlastung darstellen würde und der Körper am wenigsten Energie für Haltearbeit aufwenden muss. Auch das Zwerchfell und die anderen inneren Organe profitieren von dieser Körperhaltung.

Die Erfahrung lehrt allerdings, dass ein verbissenes, aufgesetztes Einnehmen dieser Haltung zum Scheitern verurteilt ist. Klagen über Verspannungen und enorme muskuläre Anstrengungen lassen die Versuche innerhalb kürzester Zeit scheitern. Deswegen gehen Sie mit diesem Prinzip behutsam um, aber sehr konsequent.

Praktische Übung

Aus der Verwurzelung richten Sie den Oberkörper, wie beim aufrechten Sitzen langsam auf, ohne den Bauch einzuziehen oder die Schultern zurückzunehmen. Stellen Sie sich vor, Ihr Rücken ist der einer Marionette, sehr beweglich. Wenn die Marionette für das Spiel angehoben wird, dann wird sie immer größer und größer, bis die Bänder straff gespannt sind. Dasselbe geschieht nun mit Ihnen, mit jedem Atemzug richtet sich die Wirbelsäule eine Winzigkeit weiter auf, bis Sie ihre entspannte Größe erreicht haben. Der Kopf ruht entspannt auf der Halswirbelsäule, ähnlich den

Links: Grundhaltung von der Seite

Rechts: Typische Fehlhaltung

falsch!

kleinen Wackeldackeln auf einigen Auto-
ablagen, die Ihnen immer so freundlich
entgegennicken. Ihr Blick geht nach vorne und trifft den Boden in ungefähr 10 m
Entfernung.

Wenn Sie sich jetzt zum einen auf Ihren
stabilen Kontakt der Füße zum Boden
und zum anderen auf den Kontakt des
Scheitels mit dem Himmel konzentrieren, haben sie eine intensive Verbindung zwischen Himmel und Erde.

Anmerkung:

Unter Aufrichtung wird auch häufig
eine wirkliche Beckenaufrichtung
verstanden, mit dem Ziel die
Lendenlordose aufzuheben. Aus
Erfahrung empfehlen wir hier ein
vorsichtiges, behutsames Heran-
tasten, um Rückenschmerzen vor-
zubeugen.

Aus dem Zentrum entspringt die Kraft: Zentrierung

Tief durchatmen – eine in unserer hekti-
schen Zeit selten vorkommende Gege-
benheit. Dabei vermittelt eine tiefe Atmung Ruhe und Gelassenheit und zum
anderen wird der Körper mit Energie, in
Form von Sauerstoff optimal versorgt.
Mit dem Atem nehmen Sie die Energie
aus der Natur in sich auf. Sie werden im
Erleben und Empfinden Unterschiede
entdecken, wenn Sie im Laufe der Zeit

an unterschiedlichen Orten im Freien
üben. Suchen Sie sich Ihre persönliche
Kraftquelle und sammeln Sie diese
Energie im unteren Dantian, dann ist
es, als würden Sie einen kleinen Schatz
anlegen.

Mit der achtsamen Hinwendung zu diesem Prinzip verabschieden Sie sich nun
für die Zeitdauer des Übens von Ihrem
Alltag, denn mit der (Kon-)Zentrierung
auf die Atembewegung im Bauchraum
schaffen Sie die nötige Distanz.

Praktische Übung

Sie stehen wieder in der Grundhaltung
und halten die Hände vor dem Unterbauch, als ob Sie einen kleinen Ball halten würden. Mit dem Einatmen drehen
Sie die Handflächen nach außen und
schieben im Gedanken einen Vorhang
zur Seite, um hindurchschauen zu können (1). Mit dem Ausatmen drehen
sich die Hände wieder zueinander und
nähern sich, bis sie wieder den kleinen
Ball halten (2). Ihre Aufmerksamkeit ist
zunächst bei den Armen und Händen
und Sie versuchen herauszufinden, wo-
rin der Unterschied beim Öffnen des
Vorhangs und beim Zusammenführen
der Hände liegt. Je länger Sie diese
Übung durchführen, umso intensiver
wird die Konzentration auf die Atmung
und die Bewegung der Bauchdecke.
Genau an der Stelle, an der Ihre Hände
bei der Entspannung eine kleine Delle in
die Haut gedrückt haben. Wohlgemerkt

Brustkorb und den Armen ist (3).
In der Achselhöhle wäre Platz für
einen kleinen Tennisball.
Ihre Arme werden nicht nur von
der Muskulatur gehalten, nutzen
Sie Ihren Atem dazu, er unterstützt Sie tatkräftig dabei. Mit
diesen ersten drei Vorbereitungs-
übungen haben Sie sich die
Grundhaltung für das Qi Gong
erarbeitet.

Oben:
Bewegung
der Hände
nach außen
Rechts:
Bewegung
der Hände
nach innen
Rechte Seite:
Buddha-
haltung

die Konzentration wird ver-
stärkt, nicht das Bestreben
dorthin atmen zu wollen. Sollten Sie das Bedürfnis haben,
diese Bewegung mit einer
kleinen Beinbewegung zu verbinden, dann lassen Sie es zu.
Zum Abschluss halten Sie die
Hände, als wollten Sie einen
kleinen Buddhabauch umfas-
sen und spüren kurz nach,
wie viel Raum zwischen Ihrem

steht eine gleichmäßigere Roll- oder Fließbewegung, als wenn Ecken oder deutliche Abknickungen vorhanden sind. Gleichzeitig lassen drehende, spiralige Bewegungen wesentlich mehr Fließdynamik entstehen. Genauso wird es im Qi Gong gesehen. Alle Bewegungen folgen bogen- und spiralförmigen Linien, entweder in der Bewegungsrealität oder in der Vorstellung. Die Wirbelsäule stellt dabei eine wesentliche Achse dar, um die sich alles dreht.

Oben:
Grund-
position

Rechts:
Ballhaltung

Alles im Fluss: Rundheit

Können Sie sich noch an Ihre Kindheit erinnern, an das Spiel mit Ihrer Kugelbahn? Die Kugel rollt die Schiene herunter, stößt an, fällt auf die nächste Ebene, beginnt wieder zu rollen, bis Sie schließlich unten ankommt. Stellen Sie sich vor, Ihre Kugelbahn hätte einen spiraligen Verlauf gehabt, mit wie viel Schwung wäre dann die Kugel unten angekommen?
Verläuft eine Schiene, ein Rohr oder ein Schlauch in runden Bahnen, ent-

Praktische Übung

Sie stehen in der Grundposition wie am Ende der vorherigen Übung, die Hände halten wieder den kleinen Buddhabauch (1). Sie drehen Ihr unteres Zentrum langsam von links nach rechts. Die Ferse darf sich dabei etwas vom Boden lösen (2). Es geht nicht darum, möglichst weit zu drehen, sondern um eine ruhige, gleichmäßige Bewegung. In der Vorstellung geht der Kreis in eine Spirale über,

die sich nach oben endlos fortsetzt. Drehen Sie nach einer gewissen Zeit des Übens Ihre Handflächen nach außen und loten behutsam aus, was diese minimale Veränderung für Ihre Grundbewegung bedeutet (3).
Zum Abschluss lassen Sie Ihre Arme etwas dynamischer um den Körper fliegen, wie die Sitze bei einem Kettenkarussell. Die Wirbelsäule muss dazu allerdings nicht weiter verdreht werden (4).

Links:
Handflächen
nach außen

Rechts:
Schwingen

Entdeckung der Entschleunigung – Gleichmäßigkeit

Welche Wirkung geht von einem gleichmäßig dahinströmenden Fluss aus, dessen Wasser im Sonnenschein glitzert? Wie beruhigend sind langsam dahinziehende Wolken, denen Sie auf einem Parkbänkchen sitzend nachschauen? Wie viel Kraft und Energie kostet Sie dagegen Ihr hektischer, unruhiger Alltag? Je gleichmäßiger ein Bewegungsablauf ist, umso weniger Energie müssen Sie dafür aufwenden und umso erholsamer wirkt sich diese Aktivität aus. Beim Qi Gong steht ein gleichmäßiges Maß von An- und Entspannung im Vordergrund, damit die Muskulatur sanft durchgearbeitet wird. Die Kernfrage, die sich für viele stellt, wahrscheinlich auch für Sie: Mit wie viel Kraft soll ich üben?
Es ist wie auf dem Wochenmarkt, es darf einmal etwas mehr sein, und einmal etwas weniger. Es ist aber nie 0 und nie 100.

Praktische Übung

Wie immer stehen Sie in Grundhaltung, Ihre Hände ruhen in Herzhöhe auf zwei imaginären Kissen. Diese Kissen hängen an einem Faden, der an einer Umlenkrolle aufgehängt ist. Wenn Sie nun das eine Kissen nach unten drücken, hebt sich das andere Kissen und dadurch auch Ihr Arm von ganz alleine, bis Sie den Vorgang umkehren. Versuchen Sie aufmerksam die unterschiedlichen Spannungsmuster in Ihrer Schulter-Arm-Partie herauszufinden. Wie fühlt sich das an, wenn die eine Seite etwas mehr Spannung hat, die andere ganz wenig. Was ist, wenn wir die Bewegung umkehren, die Umlenkrolle hängt nicht mehr an der Decke, sondern befindet sich am Boden und der Arm zieht den anderen nach oben und umgekehrt.

Ballonfahrt zur Mitte: Steigen und Sinken

Übersteigen die täglichen Anforderungen Ihre Kräfte? Ist keine Zeit vorhanden, die Dinge sich setzen zu lassen, weil am nächsten Tag schon wieder etwas Neues auf Sie zukommt? Ihr Gehirn arbeitet auf Hochtouren, die ganze Kraft wird nach oben gezogen und Sie verlieren ganz allmählich den Boden unter den Füßen. Um wieder festen Grund zu finden, wäre es gut diese Energie auch einmal wieder sinken zu lassen. Steigen und Sinken sind Bewegungsaspekte, die sich gegenseitig bedingen und im Qi Gong wesentlich für den Fluss des Qi verantwortlich sind. In Verbindung mit der Atmung und der Vorstellungskraft kann die Richtung bestimmt werden, in die das Qi fließen soll (Übung S.72).

Gleichmäßig-
keit: Arm
nach oben im
Wechsel

Luftballon. Dieser Ballon ruht auf Ihrer linken Hand, die rechte Hand hält ihn von oben fest (1). Mit dem Einatmen wird der Ballon ein klein wenig größer (2), mit dem Ausatmen wieder kleiner. Gleichzeitig strecken und beugen Sie im

Zu Beginn des Übens legen wir allerdings zunächst unser Hauptaugenmerk auf die äußere Bewegung und bleiben mit der Atmung und der Vorstellungskraft im unteren Zentrum.

Praktische Übung

Sie stehen in der Grundstellung und nehmen in Gedanken einen kleinen

Kniegelenk. Der Impuls zum Steigen kommt dabei von den Füßen. Die Bewegung muss nicht sonderlich ausgeprägt sein, wählen Sie ein Ausmaß welches Ihnen angenehm ist. Nehmen Sie auch einmal die andere Hand nach oben, oder wechseln bei jedem Durchgang. Um den Aspekt des Yin und Yang einmal in der Bewegung zu erfahren, öffnen Sie die Hände, wenn Sie in den Knien einsinken und schließen Sie die Hände, wenn Sie die Knie wieder strecken.

Kopfschmerzen, Schwindel, Übelkeit können Symptome sein, die dann auftreten, wenn dem Steigen oder Sinken zu viel Aufmerksamkeit geschenkt wird, oder die Atmung auf Grund der hohen Konzentration angehalten wird.

Eine Blüte erwacht: Öffnen und Schließen

Stellen Sie sich ein Reisfeld vor, mit seinen vielen Setzlingen, die im Wasser stehen. Nur wenn ein Reisfeld im ausgewogenen Verhältnis bewässert wird, ist der Ertrag für den Bauern gesichert. Für ihn bedeutet dies, bei extremen Regenfällen, dafür zu sorgen, dass das Wasser abfließen kann. Bei längerer Trockenheit ist es für ihn günstig, wenn er einen Wasservorrat öffnen kann, der dann das Feld überschwemmt. Öffnen und Schließen sind somit elementare Bedingungen für eine gute Ernte. Beim Üben geht es zunächst darum, in den wichtigsten Gelenken entspannt und offen zu sein. Dabei wird den Schulter- und Hüftgelenken eine besondere Bedeutung beigemessen, da in diesen Regionen besonders viele Lymphknoten sitzen. Durch einen ausgeprägten öffnenden und schließenden Bewegungsimpuls wird das Lymphsystem aktiviert und unterstützt.

Praktische Übung

In der bekannten Grundstellung, beide Handgelenke in die Taille legen, die Hände bilden eine lockere Faust und der Daumen zeigt nach außen (1) S. 74 f. Mit dem Einatmen bewegt sich der Arm nach oben und die Faust öffnet sich wie eine Blüte am frühen Morgen, wenn die Sonne aufgeht, Sie schauen an der Hand entlang zum Himmel (2). Beim Ausatmen sinkt der Arm zur Taille zurück und die Faust schließt sich wieder. Dasselbe mit dem anderen Arm wiederholen. Aufmerksam das Öffnen und Schließen der Hand beobachten. Nach mehreren Wiederholungen dieselbe Bewegung 90° zur Seite ausführen, indem Sie den Fuß über die Ferse nach außen drehen (3). Mit zunehmender Übungsdauer wenden Sie sich mit Ihrer Aufmerksamkeit auch einmal den anderen Gelenken – Ellenbogen, Schultern, Schulterblatt, Hüfte – zu.

Nachdem Sie nun sieben der acht Prinzipien oder Aspekte erfahren haben, nehmen Sie sich die Zeit und stellen sich wiederum in die Grundposition und gehen einzelne Punkte nochmals kurz durch:

Fußstellung – Dreieck
Kniestellung – leicht gebeugt
Wirbelsäule – aufrecht
Achselhöhle – geöffnet
Kopf – entspannt
Atem – tief und gelöst

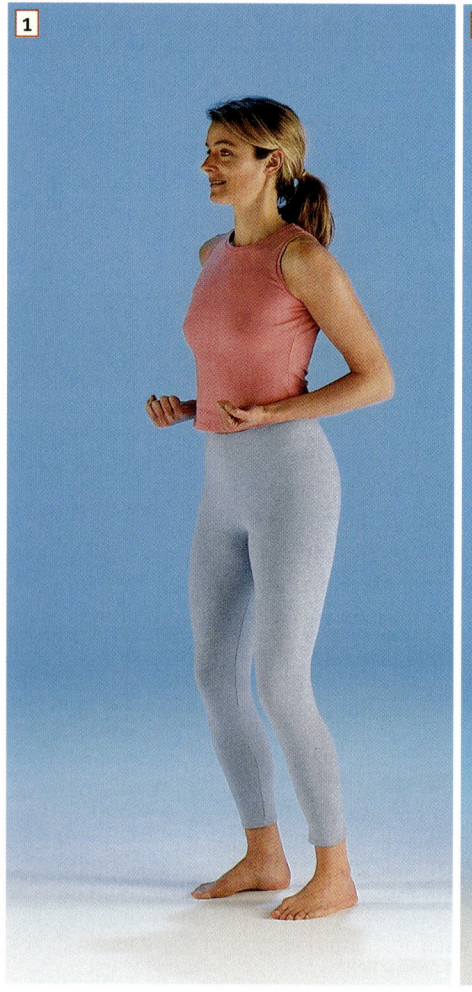

Sieben vereint: Bewegung in Harmonie

Es gibt Tage da stimmt einfach alles: das Wetter, die Stimmung, die Aktivität, das Essen und noch vieles mehr. Beim Sport gelingt jede Bewegung, Sie können machen was Sie wollen, es ist alles perfekt. An diesen Tagen durchströmt Sie ein ungeheures Glücksgefühl. Sie fühlen sich wohl, ruhig und gelassen. Es sind die Tage, die sich unvergesslich in unser Gedächtnis einprägen, von denen wir noch lange zehren. Auch im Qi Gong gibt es solche Erlebnisse. Man übt an einem schönen Ort, bei angenehmem Wetter, die Aufmerksamkeit kann ganz dem Üben gewidmet werden. Es entsteht eine Harmonie von (Körper-)Bewegung und Geist, von Mensch und Natur.

Praktische Übung

Aus der Grundhaltung heraus die Arme nach innen drehen, die Handrücken gegeneinander legen und vor der Körpermitte nach oben ziehen (1). Über dem Kopf öffnen sich die Arme zum Himmel. Halten Sie die Arme für einen kurzen Moment in dieser Position und lassen Sonne und Luft wie durch einen Trichter in den Körper einströmen (2). Die Handflächen nach außen drehen und die Arme über außen einen Kreis beschreiben lassen bis sich die Arme in Herzhöhe kreuzen (3). Auch hier können Sie einen Augenblick verweilen. Zum Abschluss die Hände zum Herz bewegen, Handflächen nach unten drehen und die Hände in die Ausgangsposition sinken lassen (4).

ÜBUNGEN AUF EDLEM STOFF – »DIE BROKATÜBUNGEN«

»Sage es mir, und ich vergesse es;
zeige es mir, und ich erinnere mich;
lass es mich tun, und ich behalte es.«
Konfuzius

Was verbirgt sich dahinter?

»Pa tuan chin«, »Baduanjin«, die »achtfache elegante Bewegungsreihe im Stehen« oder vereinfacht nur die »acht Brokatübungen« gelten als eines der ältesten Übungssysteme des Qi Gong. Einzelne Übungen finden sich bereits auf tausend Jahre alten Darstellungen aus China.

Der Überlieferung nach sind die acht (Pa) Übungen (tuan = Übungsabschnitt) so wertvoll für die Gesundheit wie der Stoff (chin = Brokat) auf dem sie dargestellt wurden. Im Laufe der Jahrhunderte wurde dieses Bewegungssystem von einzelnen Lehrern etwas abgewandelt, sodass in der Praxis unterschiedliche Ausführungen vermittelt werden. Der Vorteil dieser acht Übungen liegt darin, dass sie relativ einfach und daher leicht zu erlernen sind. Sie erfordern nicht viel Platz und bei Bedarf können sie auch im Sitzen durchgeführt werden.

Neben dieser Form im Stehen gibt es auch noch zwei andere Versionen der Brokatübungen im Sitzen mit 8 bzw. 12 Übungen

Die Brokatübungen werden auf Grund ihrer Ausrichtung dem bewegten Qi Gong zugeordnet, da sie im hohen Maße
• dehnende und anspannende
• drehende und spiralige
Bewegungen beinhalten, die den gesamten Körper aktivieren. Dadurch erhalten sie einen hohen heilgymnastischen Wert, da Muskeln, Sehnen und Gelenke auf eine sehr sanfte Weise trainiert werden. Vor allem Muskeln, die mit unseren üblichen Dehn- und Kräftigungsprogrammen eher vernachlässigt werden, wie zum Beispiel
• die Unterarmmuskulatur,
• die Hals- und Nackenmuskulatur,
• die Augenmuskulatur,
lassen sich mit Qi Gong sehr gut trainieren. Neben diesen funktionsgymnastischen Effekten entstehen auch anregende Impulse auf das Leitbahnensystem. Die Meridiane werden über diese dehnend-anspannenden und kreisförmig-spiraligen Bewegungsimpulse stimuliert und führen so langfristig zu einer Regulierung in den entsprechenden Organsystemen. Der Körper wird für den ungestörten Fluss der Lebenskraft geöffnet. Verfeinert wird das Ganze noch, wenn es Ihnen gelingt, die Atmung langfristig harmo

nisch in die Bewegungsabläufe einzubinden. In dieser Kombination haben Sie nun ein ideales Ausgleichsprogramm zu Ihrem täglichen Alltagsstress.

Notwendigkeiten und Vermeidungen

Es ist selbstverständlich, dass es für Sie schwierig ist, alle nachfolgenden Anforderungen gleichzeitig zu beachten und umzusetzen. Deshalb wenden Sie sich einem oder zwei Punkten zu und versuchen diese in die Übung(en) mit einfließen zu lassen.

Mit viel Gefühl, ohne viel Kraft

Versuchen Sie von Anfang an mit möglichst wenig Kraft zu üben. Qi Gong ist kein Kräftigungsprogramm im westlichen Sinne, vielmehr wird über den sanften Anspannungs-Entspannungs-Impuls die Muskulatur aktiviert, die Durchblutung und die anderen Systeme angeregt.

Bei den Brokatübungen unterscheidet man in der Ausführung zwischen einer Form mit Kraftanwendung und einer ohne Kraftanwendung. Mit der Umschreibung »mit Kraftanwendung« wird jedoch die innere Kraft verstanden, d.h. Sie stellen sich den Krafteinsatz in die jeweilige Richtung nur vor.

Schritt für Schritt üben

Unterliegen Sie nicht Ihrem Bestreben perfekt sein zu wollen, sondern genießen Sie jede Teilbewegung für sich. Versuchen Sie immer wieder neue Erfahrungen zu sammeln. Nehmen Sie sich die Zeit, denn diese Zeit haben Sie. Qi Gong ist etwas, was Sie nicht nur heute machen, sondern für die Zukunft.

Außen und innen

Es gibt viele unterschiedliche Vorgaben im Zusammenhang mit den Übungen, nur müssen die äußeren Bewegungen, auch mit Ihrer inneren Befindlichkeit übereinstimmen. Akzeptieren Sie Ihre Grenzen und nehmen Sie die angebotenen Variationen an. Jeder hat seinen eigenen Weg, den er beim Üben beschreitet und jeder hat seine eigene Endform.

Ruhig, natürlich, fröhlich

Wählen Sie für die Ausführung ein ruhiges Tempo. Die Bewegungen sind in ihrem Verlauf natürlich, d.h. es müssen nicht noch zusätzliche kreative Verfeinerungen vorgenommen werden. Ihr Tun wird von einem inneren Lächeln begleitet. Sie freuen sich, dass Sie etwas Gutes für sich tun.

Atmung ist das Sahnehäubchen

Bei jeder Übung ist ein bestimmter Atemrhythmus vorgegeben. Sehen Sie diese Hinweise zu Beginn als Orientierung und nicht als zwingende Vorgabe. Erfahrungsgemäß stellt sich die Atmung bei entspanntem Üben so ein, wie es im Idealfall sein sollte. Leichter wird es für Sie, wenn Sie nach dem Ausatmen mit den Übungen beginnen.

Erst in einer späteren Lernphase macht es Sinn, den Atem bewusster einzusetzen.

Von der Sohle bis zum Scheitel

Bevor Sie mit einer Brokatübung beginnen, nehmen Sie sich immer kurz die Zeit, um Ihre Haltung von den Füßen bis zum Scheitel achtsam einzunehmen. Auch während des Übens wird die Aufmerksamkeit zu den Füßen und Knien gelenkt. Der Blick ist immer nach vorne gerichtet, sodass er in 10 m Entfernung den Boden trifft.

Die Frage des Schuhwerks lässt sich nicht allgemein beantworten. Sie können barfuß oder in Strümpfen üben, sollten aber keine kalten Füße bekommen. Ansonsten Gymnastikschuhe oder leichte Turnschuhe tragen.

Bewegung sucht Ruhe

Erfahrungsgemäß werden Sie sich zu Beginn eher etwas zügiger bewegen, als es Ihren Vorstellungen entspricht. Auch in diesem Punkt nehmen Sie sich die Zeit für diese Umstellung. Für viele ist es nicht einfach, denn unser tägliches Leben ist genau konträr dazu: »Mach schnell«. Sehen Sie es als ein Spiel, wie langsam kann ich mich heute bewegen, ohne unruhig dabei zu werden und genießen Sie diesen Moment. Auch eine häufig gestellte Frage passt hierzu: »Wäre es nicht besser mit Musik zu üben?« Meditative Musik kann ohne Zweifel helfen den Bewegungsfluss zu harmonisieren, aber sie lenkt auch ab. Der Übende soll sich ganz auf sich, die Bewegung und die Atmung konzentrieren.

Geordnet leben

»Wie oft muss ich diese Übungen machen?« oder »muss ich immer alle acht Übungen durchführen ?« Grundsätzlich ist es sinnvoll, im Sinne der Ganzheitlichkeit immer das gesamte Bewegungssystem zu üben. Es ist aber ohne weiteres erlaubt, einzelne Sequenzen aus dem Gesamten herauszulösen und durchzuführen. Nur – immer Torschüsse zu üben, Tennisbälle gegen eine Wand oder Golfbälle von der Driving Range zu schlagen, ist kein richtiges Spiel. Zu einem richtigen Spiel gehört alles und so ist es auch bei den acht Brokatübungen. Regelmäßiges, tägliches Üben, mit 4 bis 8 Wiederholungen pro Übung, bringt Sie mit Sicherheit weiter. Geschieht dies aber an manchen Tagen mit Widerwillen, dann ist die Gefahr gegeben aufzuhören. Wählen Sie an solchen Tagen irgendetwas aus Ihrem bisherigen Übungsprogramm und gönnen Sie sich diese Sequenz von Herzen.

Wann sollten Sie nicht üben!

Grundsätzlich gibt es dafür nur sehr wenige Ausnahmen, so ist bei extremen Witterungsbedingungen, z. B. Gewitter, vom Üben abzuraten, um sich keinen negativen Einflüssen auszusetzen.

Bei schweren psychischen Krisen ist es ratsam, nur unter Anleitung eines erfahrenen Qi-Gong-Lehrers zu üben.

Frauen können während der Schwangerschaft oder der Menstruation weiterüben, sollten allerdings aufmerksam die Reaktionen ihres Körpers wahrnehmen und gegebenenfalls im Sitzen üben. Auch hier bietet das individuelle Wohlbefinden eine wichtige Orientierungshilfe.

Grundstellung Bär

Grundstellungen

Die Brokatübungen werden in unserer Form in drei Grundstellungen der Füße durchgeführt.

Grundstellung Bär

Bei der 1., 3., 4. und 6. Brokatübung stehen die Füße in der schon bekannten Grundhaltung hüft- bis schulterbreit.

Grundstellung Pferd

Für die 2., 5. und 7. Brokatübung werden die Füße maximal doppelt so breit und leicht nach außen gestellt. Da dieser Fußabstand sehr anstrengend sein kann, empfehlen wir die Breite und Tiefe so zu wählen, dass sie sich zwar von der ersten unterscheidet, aber trotzdem noch gut zu bewältigen ist.

Grundstellung Pferd.
Fußspitzen maximal 45° nach außen drehen.

Grundstellung Adler

Grundstellung Adler

Die letzte Brokate wird in der schmalen Fußposition durchgeführt, hierfür werden die Füße drei Fingerbreit auseinander gestellt.

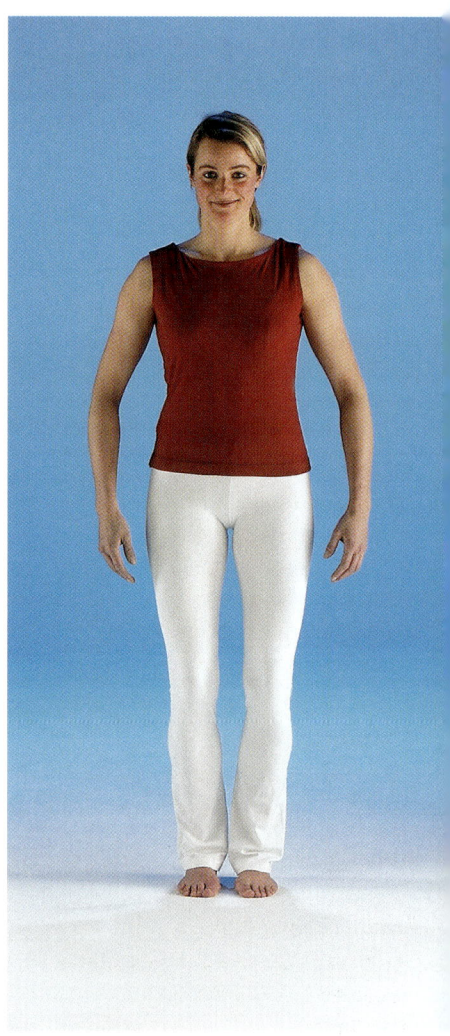

Einstimmung

Vor jeder längeren Übungseinheit hat es sich bewährt einige öffnende Einstimmungsübungen voranzuschalten.

Räkeln und strecken

Egal zu welcher Tageszeit Sie auch üben, sich räkeln, strecken und dehnen ist immer ein guter Einstieg, um die Spannung aus der Muskulatur zu lösen.

Handflächen reiben

Hände gegeneinander legen und die Handflächen reiben, sodass sie warm werden.

Hände kreisen

Hände ineinander falten und langsam beginnen im Handgelenk zu kreisen. Die Bewegung entspannt und gelöst ausführen. Nach einer gewissen Zeit die Richtung ändern.

Räkeln und strecken

Handgelenke
kreisen

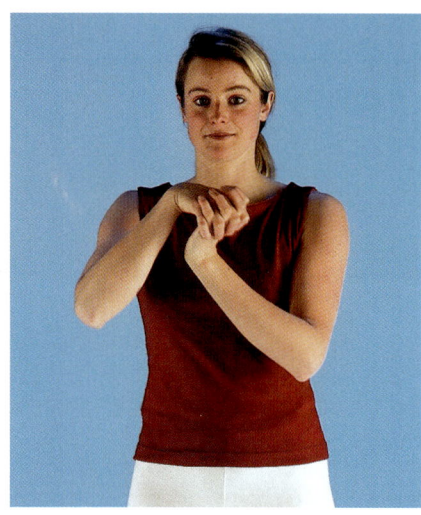

Fersen abklopfen. Dasselbe mit der Handfläche über die Beininnenseite bis zum Brustkorb.

Kniegelenke kreisen

Füße nah zusammenstellen, beide Handflächen auf die gebeugten Knie legen. Mit den Knien einen kleinen Kreis beschreiben. Die Fußsohlen halten unbedingt festen Kontakt zum Boden.

Fußgelenke öffnen

Die Füße mit den Fersen gegeneinander stellen, Fußspitzen nach außen drehen. Die Fersen aktiv vom Boden anheben und wieder zurücksinken lassen.

Arme aktivieren

Die rechte Hand auf den linken Handrücken legen, kreisend mit der warmen Hand den Arm nach oben aktivieren, von oben an der Arminnenseite wieder nach unten.

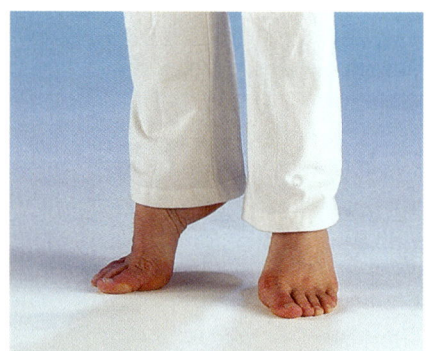

Im Uhrzeigersinn wirkt das Kreisen aktivierend, gegen den Uhrzeigersinn beruhigend. Probieren Sie aus, wie es auf Sie wirkt. Achten Sie auch darauf, wo Sie immer beginnen und in welche Richtung, auch hier können Sie über eine Veränderung der Gewohnheit neue Erfahrungen sammeln.

Körper abklopfen

Mit weichen Händen und lockeren Handgelenken den Körper am Rücken beginnend sanft nach unten zu den

Diaphragmen aktivieren

Sich aufmerksam auf die einzelnen Diaphragmen konzentrieren. Dem Fluss des Atems nachspüren.

1. Brokatübung:
»Mit den Händen den Himmel stützen, um die drei Erwärmer zu regulieren«

Was kann die Übung bewirken:
- Bereitet auf die nachfolgenden Übungen vor.
- Macht die Schultern beweglich.
- Aktiviert die Atmung durch Dehnung im Brustkorb.
- Verbessert das Gleichgewicht.
- Stärkt die Stoffwechselaktivität der Verdauungsorgane. Um diesen Effekt noch zu verstärken, empfehlen wir zusätzlich die Übungstechnik für den Dünndarm (S. 45/46).

Grundstellung: Bär

Die Arme steigen langsam über die Seite nach oben, Zeigefinger und Daumen während der Bewegung sanft spreizen (1), bis sich die Hände über dem Scheitel ineinander schieben. Die Handflächen zeigen zum Kopf (2). Die Arme beschreiben die Form eines Kreises.
Die Hände langsam zum Scheitel sinken lassen, die Ellbogen sanft zurückziehen, währenddessen ausatmen. Gleichzeitig noch etwas mehr in den Knien einsinken (3).

Zu beachten

● Wenn Sie Schulterbeschwerden haben, oder eine deutliche Bewegungseinschränkung in diesem Bereich, dann die Arme nicht so weit nach oben

Mit dem Einatmen die Handflächen nach oben drehen und ohne großen Kraftaufwand den Körper – Arme und Beine – strecken, bis sich die Fersen vom Boden lösen (4).
Hände lösen, die Füße suchen wieder einen festen Stand. Die Arme über außen in die Ausgangsposition zurückbewegen. Gleichzeitig sinken Sie wieder ganz entspannt etwas in den Knien ein (5).

strecken oder alternativ schräg nach vorne oben. Zusätzlich empfehlen wir die Übungstechnik für den oberen Brustkorb (S. 41).

• Wenn Sie in der gestreckten Position immer einen kleinen Ausfallschritt nach

5

vorne machen müssen, dann lösen Sie die Fersen nicht soweit vom Boden. Denken Sie daran, Stützen beginnt immer in den Füßen, deshalb erfolgt der Bewegungsimpuls des Streckens auch aus den Füßen und Sie ziehen sich nicht über die Arme nach oben.

Bewegungsvariante bei Schulterbeschwerden

Kurzversion zur Selbstanleitung

1. Grundstellung »Bär«
2. Sammeln*; »Steigen und Sinken«
3. Arme über außen nach oben – dabei einatmen
4. Knie gebeugt lassen
5. Hände ineinander – sinken lassen, Ellbogen zurück – ausatmen
6. Den Himmel stützen – einatmen
7. Öffnen – Arme in Schulterhöhe, einsinken – ausatmen
8. 4- bis 8-mal wiederholen – Ende.
Den Himmel sanft stützen und zur Erde zurückkehren.

* Sammeln bedeutet sich bewusst der Verwurzelung, der Aufrichtung und der Zentrierung zuzuwenden. Die restlichen Übungsprinzipien immer wieder während des Übens mit einfließen lassen.

Version auf dem Sitzball

Die Version im Sitzen ist gedacht als Alternative für das Büro oder bei schwächerer körperlicher Verfassung, wenn langes Stehen zu anstrengend wird. Sie wird von der Armbewegung genauso ausgeführt wie im Stehen. Die Füße behalten immer Kontakt zum Boden.

2. Brokatübung:
»Den Bogen nach rechts und links spannen und auf den Adler zielen«

Was kann die Übung bewirken:
- Baut vegetative Störungen ab.
- Vermindert Schlafstörungen.
- Kräftigt die Beinmuskulatur.
- Verbessert die Beweglichkeit in der Halswirbelsäule.
- Dehnt und aktiviert die Unterarmmuskulatur.
- Entspannt die Augenmuskulatur.

Grundstellung: Pferd

Es hat sich bewährt, diese Sequenz, zuerst in Einzelbewegungen zu lernen.
Bogenhand: Den rechten Arm in Brusthöhe halten und in die rechte Handfläche schauen, als würden Sie in einen kleinen Taschenspiegel blicken (1). Die Hand bewegt sich in einem Bogen zur Seite, Sie schauen ihr hinterher, indem Sie den Kopf mitdrehen. Im letzten Moment drehen Sie die Handfläche nach außen, Zeigefinger und Daumen bilden ein »V«, die restlichen Finger werden im mittleren Fingergelenk gebeugt (2). Diese Bewegung wiederholen Sie mehrmals für beide Arme.

3

falsch!

(3). Auch diese Bewegung mehrmals alleine für beide Arme durchführen. **Gesamtbewegung:** Mit dem Ausatmen die Arme in Brusthöhe im Bereich der Handgelenke kreuzen – linke Hand innen, rechte Hand außen –, sodass noch ein Luftballon auf den Unterarmen liegen könnte (4).

Sehnenhand
Rechts:
Typische
Fehlhaltung

Sehnenhand: Der linke Arm ist ebenfalls in Brusthöhe, er bewegt sich ein wenig zur rechten Schulter, die Hand »greift« dort eine Bogensehne und spannt diese zur linken Seite, indem Sie den Ellbogen nach außen ziehen

Worauf zu achten ist:

Der Ellbogen bewegt sich nach außen, nicht nach hinten und nicht nach oben.

Die Hand bleibt vor der jeweiligen Brustpartie, nicht vor dem Schultergelenk.

Grundposition (mit Luftballon)

4

Die linke Hand ist die Bogenhand und bewegt sich mit dem Einatmen in Schulterhöhe nach außen, die rechte Hand spannt den Bogen. Der Blick geht durch das »V« in die Ferne (5). Ausatmen, Spannung auflösen, die linke Hand kehrt auf demselben Weg wieder zur Mitte zurück, die rechte Hand legt sich von innen zum linken Handgelenk, sodass sich nun die linke Hand außen befindet, damit wird die rechte Hand zur Bogenhand. Die Bewegung beginnt nun zur anderen Seite (6).

falsch!

Worauf zu achten ist:
Der Ellbogen muss nicht überstreckt sein! Die Hand
steht senkrecht.
Die Hand befindet sich maximal auf Schulterhöhe.
Den Oberkörper nicht nach hinten drehen.

Zu beachten

Links:
Endposition

Oben rechts:
Kopf nicht
zur Seite
neigen

● Wenn Sie Probleme mit der Beweglichkeit in der Halswirbelsäule haben, dann
drehen Sie den Kopf nur soweit, wie es
für Sie angenehm ist. In diesem Fall,
passen Sie die Armbewegung dieser

Veränderung an. Zusätzlich empfehlen
wir die Übungstechnik für den oberen
Brustkorb (S. 41).
● Wenn Sie nach der Übung Verspannungen im Bereich des oberen Rückens
haben, dann üben Sie zukünftig mit
weniger Anspannung und achten darauf,
dass Sie die Schultern nicht hochziehen
bzw. die Schulterblätter nicht zusammenziehen.
● Wenn Sie schwanger sind, dann nicht
so breit und tief stehen, eventuell diese
Übung im Sitzen ausführen*.

* Schwangerschaft stellt keine Kontra-indikation dar, allerdings sollten Übungsintensität und -dauer an die momentane Verfassung angepasst werden.

Kurzversion zur Selbstanleitung

1. Grundstellung »Pferd«

2. Sammeln; »Öffnen und Schließen«

3. Ausatmen, Arme in Brusthöhe, Hand-gelenke gekreuzt

6

4. Bogenhand nach außen, Zeigefinger und Daumen »V«, Bogen spannen – dabei einatmen

5. Loslassen, in einem wei-ten Kreisbogen zur Mitte zurück – dabei ausatmen

6. 4- bis 8-mal wiederholen – Ende.

Den Bogen weich spannen, das Ziel anvisieren, zur Mitte zurückkehren.

Version auf dem Sitzball

3. Brokatübung:
»Milz und Magen stärken, indem man die Arme einzeln hebt«

1

Was kann die Übung bewirken:
• Macht die Schulter beweglich.
• Dehnt die seitliche Rumpfpartie.
• Stimuliert die inneren Organe im Oberbauch.
• Fördert die Verdauungsfunktion.
• Verbessert die Befindlichkeit.
• Unterstützt die Zwerchfellaktivität, um diesen Effekt noch zu verstärken, empfehlen wir die Übungstechnik für das Zwerchfell (S. 44).

Grundstellung: Bär

Mit dem Ausatmen die Arme bis zum Oberbauch nach oben steigen lassen. Die Arme sind rund (1).
Der linke Arm bewegt sich mit dem Einatmen auf einer Kreisbahn nach oben, der rechte auf einer Kreisbahn nach unten. Die obere Hand so halten, als ob Sie gegen die Sonne schauen wollen, Handfläche nach oben. Mit der unteren Hand drücken Sie in Ihrer Vorstellung sanft einen Ball unter die Wasseroberfläche (2). Beide Ellenbogen müssen nicht durchgestreckt sein.

Worauf zu achten ist:
Nicht der Hand nach oben nachschauen, der Blick bleibt nach vorne gerichtet.
Mit dem Ausatmen kehren die Hände gleichzeitig in die Ausgangsposition zurück, um ohne große Unterbrechung die Bewegung gegengleich durchzuführen.

Zu beachten

● Wenn Sie Schulterbeschwerden haben, oder eine deutliche Bewegungseinschränkung in diesem Bereich, dann
die Arme nur soweit anheben, wie es
schmerzfrei machbar ist.
● Wenn das statische Stehen für Sie zu
anstrengend wird, dann in den Knien
leicht steigen und sinken.

Kurzversion zur Selbstanleitung

1. Grundstellung »Bär«
2. Sammeln; »Rundheit«

3. Ausatmen, Arme rund vor dem
Oberbauch
4. An einem gedachten Torbogen entlang einen Arm nach oben ziehen, Hand
gegen die Sonne drehen – den anderen
Arm gleichzeitig an einem Bogen entlang nach unten, eine Ball unter Wasser
halten – dabei einatmen
5. Zum Oberbauch zurück – dabei
ausatmen (3)
6. 4- bis 8-mal wiederholen – Ende.
Kontakt mit Himmel und Erde aufnehmen, zur Mitte zurückkehren.

Version auf dem Sitzball

4. Brokatübung:
»Nach hinten schauen und fünf Krankheiten und sieben Leiden vertreiben«

Was kann die Übung bewirken:
- Verbessert die Beweglichkeit in der Halswirbelsäule.
- Aktiviert die Augenmuskulatur.
- Fördert die Gehirndurchblutung.
- Baut Verspannungen ab.

Als die fünf Krankheiten oder Überanstrengungen werden zu langes Sehen, zu langes Liegen, zu langes Sitzen, zu langes Stehen und zu langes Gehen angesehen. Sehen Sie Parallelen zu Ihrem Alltag? Zu den sieben Leiden zählen: Überessen; Zorn; Feuchtigkeit; kalte Getränke; Angst; zu viel denken; extreme Witterungseinflüsse, wie Wind, Kälte, Hitze.

Grundstellung: Bär

Mit dem Einatmen Arme mit der Handfläche voraus auf Schulterhöhe anheben (1).

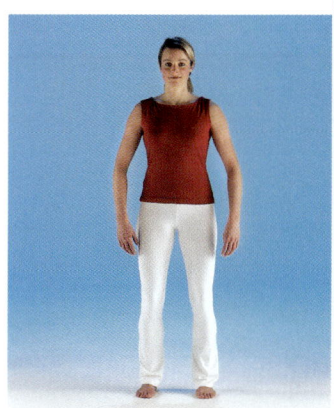

Worauf zu achten ist:
Die Kunst bei dieser Übung besteht darin, Arm- und Kopfbewegung so aufeinander abzustimmen, dass sie gemeinsam immer an den Endpunkten ankommen.

falsch!

Handflächen nach unten drehen und die Arme wieder sinken lassen, ausatmen. Gleichzeitig den Kopf nach links drehen. Ihr Blick geht über die Schulter nach hinten unten zum Boden (2).
Aus dem Handgelenk die Arme neben der Hüfte drehen und wieder nach oben ziehen, den Kopf langsam wieder zur Mitte drehen.
Die Bewegung beginnt wieder von vorn, den Kopf jetzt zur anderen Seite drehen.

Rechts:
Zu schnelle Übungsausführung

Zu beachten
- Wenn Sie zu den vielen Menschen gehören, denen es schwer fällt den Kopf schmerzfrei endgradig zu drehen, dann empfehlen wir Ihnen unsere Übungstechnik für den oberen Brustkorb (S. 41).
- Wenn Schwindel oder Übelkeit auftreten, dann die Bewegung des Kopfes und der Augen einschränken. Erfahrungsgemäß neigen viele Ausführende bei dieser Übung dazu die Luft anzuhalten, achten Sie deshalb auf einen entspannten Fluss Ihrer Atmung.

Kurzversion zur Selbstanleitung
1. Grundstellung »Bär«
2. Sammeln; »Gleichmäßigkeit«
3. Mit den Händen eine schöpfende Bewegung ausüben, die Arme nach oben treiben lassen – dabei einatmen
4. Handflächen nach unten drehen, Arme sinken lassen, Kopf drehen, Blick nach hinten unten – dabei ausatmen
5. Mit den Händen schöpfen und Arme wieder nach oben ziehen, Kopf zur Mitte zurück, Blick nach vorne.
6. Zur anderen Seite durchführen
7. 4- bis 8-mal wiederholen – Ende.
Mit einer gewissen Verachtung nach hinten schauen, zufrieden und entspannt nach vorne.

Version auf dem Sitzball

5. Brokatübung:
»Mit dem Kopf nicken und dem Schwanz wedeln, um das Feuer aus dem Herzen zu vertreiben«

Was kann die Übung bewirken:
- Stabilisiert den unteren Rücken.
- Kräftigt die Beinmuskulatur.
- Verbessert die Beweglichkeit in der Brustwirbelsäule.
- Löst nervöse Spannungen.
- Harmonisiert das Zusammenspiel von Zwerchfell- und Beckenbodendiaphragma, zusätzlich empfehlen wir die Übungstechniken für das Zwerchfell und den Beckenboden (S. 44 und S. 52).

Grundstellung: Pferd

Diese Brokatübung ist die anstrengendste, deswegen üben Sie zuerst einzelne Teilbewegungen.

Hohe Position

Sumoringer: Die Hände liegen auf dem Oberschenkel, der Daumen außen, die vier Finger innen (1). Mit aufrechtem Rücken die Beine beugen, wie ein Sumoringer zu Beginn eines Kampfes (2). Wiederholen Sie diese Hoch-Tief-Bewegung mehrere Male.

1

2

Nippender Kranich: In dieser Position mit aufrechtem Rücken nach vorne beugen, wie diese kleinen Zierfiguren, die aus einem Wasserglas nippen, wenn sie angestoßen werden (3). Oberkörper wieder aufrichten, die Beine etwas strecken.

Links:
Tiefe
Position

3

Worauf zu achten ist:
Die Knie bei dieser Bewegung immer nach außen beugen und nicht nach innen knicken lassen.

Worauf zu achten ist:
Den Kopf nicht zu tief nehmen.

4

Gesamtbewegung: Mit dem Einatmen (4) in den Beinen tief gehen und den Oberkörper nach vorne beugen. Die rechte Körperseite und Halspartie dehnen, bis Ihr Blick auf den linken Fuß gerichtet ist (5).

Kopf nicht
zu tief

falsch!

Den Oberkörper wieder bis zur Mitte zurücknehmen und sich aufrichten, während der Bewegung ausatmen (6). Die Übung zur anderen Seite hin ausführen.

5

6

Worauf zu achten ist:
Achten Sie darauf, dass Sie den Oberkörper nicht verdrehen und das Gewicht nicht auf ein Bein verlagern.

falsch!

Kurzversion zur Selbstanleitung

1. Grundstellung »Pferd«

2. Sammeln; »Steigen und Sinken«

3. Knie beugen, Oberkörper nach vorne neigen, Seite dehnen – dabei einatmen

4. Zur Fußspitze schauen

5. Oberkörper zur Mitte zurück, aufrichten – dabei ausatmen

6. Zur anderen Seite ausführen

7. 4- bis 8-mal wiederholen – Ende. Den Oberkörper dehnen, den Ärger (Herzfeuer) loslassen.

Typische Fehlhaltung

Zu beachten

• Wenn Sie häufiger Rückenschmerzen haben, dann stützen Sie sich mit den Händen leicht auf den Beinen ab.

• Wenn Sie Kniebeschwerden haben, oder dazu neigen, achten Sie darauf, dass Ihre Füße immer auch mit der Außenkante Bodenkontakt halten.

• Wenn Sie einen labilen Kreislauf haben, den Oberkörper nicht soweit nach vorne beugen.

Rechts: Version auf dem Sitzball

6. Brokatübung:
»Mit den Händen die Füße fassen, um Nieren und Blase zu stärken.«

Was kann die Übung bewirken:
- Macht die Wirbelsäule beweglich.
- Dehnt die gesamte Körperrückseite.
- Reguliert die Nierenfunktion.
- Stimuliert die Verdauungsorgane.
- Harmonisiert den Blutdruck.
- Aktiviert die inneren Geschlechtsorgane, um diesen Effekt noch zu verbessern, empfehlen wir Ihnen die Übungstechnik für das kleine Becken (S. 54).

Grundstellung: Bär

Aus der Erfahrung der vergangenen zehn Jahre wird diese Übung im Vergleich zum Original abgewandelt.
Grundposition »Bär«: Arme bis in Schulterhöhe nach oben steigen lassen, dabei einatmen (1).

Am Umkehrpunkt angekommen, beginnt die Ausatmung, die Beine wieder etwas beugen – einsinken lassen –, Arme nach unten bewegen und die Hände oberhalb der Knie auf dem Oberschenkel aufstützen (2) und nicht wie im Original zu den Füßen greifen (3).

Obere Armhaltung (1)

Bewegungsvariante bei Rückenbeschwerden (2 und 4)

Die Hände in die Taille stützen und etwas einsinken, ausatmen (6).
Mit dem Einatmen die Beine strecken und nach vorne oben schauen (7).

Worauf zu achten ist:
Nicht senkrecht nach oben schauen.

Hände wieder neben die Hüfte sinken lassen, den Blick nach vorne richten, wieder einsinken, entspannt ausatmen (8, auf Seite 108).

Original-version
Das Kinn zum Brustbein bewegen und die Beine in diesem Moment leicht strecken (4).

Worauf zu achten ist:
Die Beine müssen nicht gestreckt werden, richten Sie sich unbedingt nach Ihrer augenblicklichen Verfassung.

Die Spannung wieder auflösen, Gesäß etwas absinken lassen und sich langsam aus dieser Position wieder aufrichten, einatmen (5).

Zu beachten

● Wenn Sie die Übungen morgens durchführen, dann denken Sie daran, dass Ihre Beweglichkeit zu dieser Tageszeit deutlich eingeschränkt ist.

Kurzversion zur Selbstanleitung

1. Grundstellung »Bär«

2 Sammeln; »Gleichmäßigkeit«

3. Arme bis Schulterhöhe nach oben – dabei einatmen

8. Hände neben die Hüfte sinken lassen, Knie wieder leicht beugen – dabei ausatmen

9. 4- bis 8-mal wiederholen – Ende. Achtsam den Rücken dehnen, zur Mitte zurückkehren.

Version auf dem Sitzball

Die Armbewegung beginnt wie im Stehen. Hände auf die Knie legen, mit dem Ball nach hinten rollen und den Oberkörper rund machen. Ball zurückrollen und mit den Armen wie im Stehen weiterüben.

4. Einsinken, Hände zu den Oberschenkeln, abstützen, Kinn zum Brustbein – dabei ausatmen

5. Langsam wieder aufrichten – einatmen

6. Hände in die Taille, sinken – dabei ausatmen

7. Beine strecken und zur Decke schauen – dabei einatmen

**Auf dem
Sitzball
zurückrollen
und wieder
vor**

7. Brokatübung:
»Die Fäuste schließen und mit den Augen funkeln, so werden die Kräfte vermehrt«

Was kann die Übung bewirken:
- Dehnt und aktiviert die Unterarm- und Brustmuskulatur.
- Senkt den Blutdruck.
- Verbessert die Belastbarkeit des vegetativen Nervensystems.
- Erhöht die Lebenskraft.

Grundstellung: Pferd

Mit dem Ausatmen die Hände zu lockeren Fäusten schließen und auf dem Beckenkamm ablegen. Die Ellenbogen zeigen nach hinten (1). Die linke Faust zur Seite nach oben bewegen, der Kopf dreht sich gleichzeitig zur selben Seite, einatmen. In Schulterhöhe die Faust im Handgelenk nach unten beugen, den Arm nicht überstrecken. Der Blick ist auf einen Punkt in der Ferne fixiert (2), zur Mitte wieder zurück, ausatmen (3). Die Übung zur anderen Seite ausführen.

1

Grundstellung

Zwischen-position

Worauf zu achten ist:
Den Arm nicht über Schulterhöhe hinaus bewegen und die Schultern nicht hochziehen.

Die Erfahrung lehrt, dass die gedehnte, offene Haltung im Brustkorb, zu Gunsten der runden Gewohnheitshaltung aufgegeben wird.

Rechts:
Typische
Fehlhaltung

Beugung wieder auflösen und die Faust zur Taille zurückführen, der Kopf bewegt sich wieder zur Mitte. Die Bewegung zur Gegenseite ausführen.

Zu beachten
• Wenn Sie zu den vielen Menschen gehören, denen es schwer fällt, den Kopf schmerzfrei endgradig zu drehen, dann empfehlen wir Ihnen unsere Übungstechnik für den oberen Brustkorb (S. 41).

3

falsch!

falsch!

5. Auflösen und zur Taille zurück – dabei ausatmen

6. Zur anderen Seite ausführen

7. 4- bis 8-mal wiederholen – Ende. Mit den Augen in die Ferne spähen, entspannt den Blick zur Mitte wenden.

Fehlerhafte Armhaltung

Version auf dem Sitzball

● Wenn Sie Knieprobleme haben, dann achten Sie darauf, dass Sie mit den Knien nicht nach innen knicken.

Kurzversion zur Selbstanleitung

1. Grundstellung »Pferd«

2. Sammeln; »Öffnen und Schließen«

3. Ausatmen – lockere Fäuste, Handgelenke auf den Beckenkamm legen

4. Arm nach außen, im Handgelenk nach unten beugen, Blick in die Ferne – dabei einatmen

8. Brokatübung:
»Siebenmal aus den Ballen hochsteigen und auf die Ferse fallen lassen, um die 100 Krankheiten zu vertreiben«

Was kann die Übung bewirken:
- Dehnt die Schulter- und Nackenmuskulatur.
- Verbessert die Erholung bei Erschöpfungszuständen.
- Erhöht die Konzentrationsfähigkeit.

Grundstellung: Adler

Die Hände hinter dem Rücken übereinander legen, die Daumen sind gekreuzt.

Worauf zu achten ist:
Den Kopf nicht nach unten neigen.

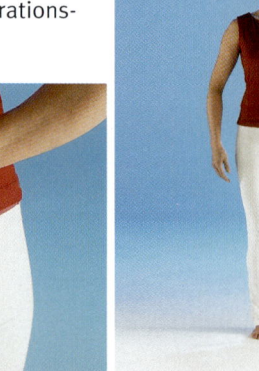

Die Fersen vom Boden lösen, dabei den gesamten Körper strecken, den Scheitel zur Decke schieben (das Kinn leicht zum Hals ziehen), die Handflächen sanft nach unten ziehen, einatmen (1). Mit dem Ausatmen zu einem festen Stand zurückkehren. Mit zunehmender Übungspraxis kann das sanfte Aufsetzen der Fersen durch ein leichtes Fallenlassen ersetzt werden (2).

Handhaltung

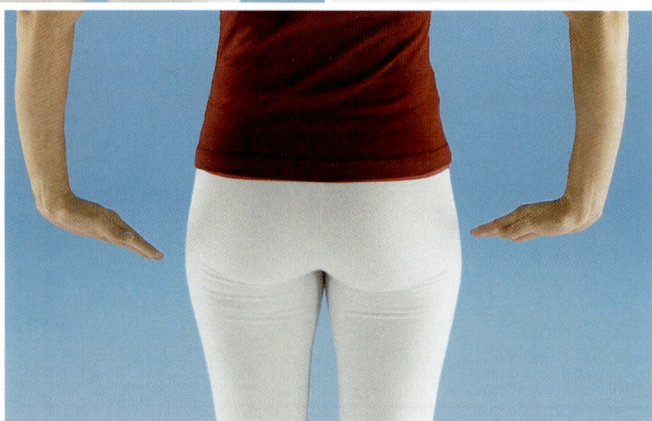

Bewegungs-variante bei Schulter-beschwerden

Zu beachten

Wenn Ihre Schulterbeweglichkeit deutlich eingeschränkt ist, lassen Sie die Hände seitlich neben der Hüfte. Zusätzlich empfehlen wir Ihnen die Übungstechnik für den oberen Brustkorb (S. 41)

Wenn Sie im Hochzehenstand häufiger die Balance verlieren, dann die Fersen zunächst nur andeutungsweise anheben.

Links: Anfangsposition

Oben: Endposition

Kurzversion zur Selbstanleitung:
1. Grundstellung »Adler«
2. Sammeln; »Steigen und Sinken«
3. Ruhig atmen
4. Fersen heben, Scheitel schieben, Handflächen nach unten ziehen – dabei einatmen

5. Sinken oder fallen lassen – dabei ausatmen
6. 4- bis 8-mal wiederholen – Ende. Aus der Mitte steigen, zur Mitte zurückkehren.

Fehlerhafte Kopfhaltung

falsch!

Version auf dem Sitzball
Für den Fall, dass die schmale Adlerstellung zu einem unsicheren Sitzen führt, stellen Sie die Füße hüftbreit auseinander.

Lebenskraft sammeln und speichern

Nachdem Sie nun alle acht Brokatübungen kennen, ist es wichtig, ähnlich wie beim intensiven Sporttreiben, die Aktivität nicht abrupt zu beenden, sondern langsam ausklingen zu lassen. Dazu gibt es im Qi Gong sehr unterschiedliche Abschlussrituale, denen eines gemeinsam ist, die aktivierte Lebensenergie zu sammeln und in den drei Zentren zu speichern. Des Weiteren kann es durch die hohe Konzentration und die daraus resultierende Entspannung zu Einschränkungen in der Reaktionsfähigkeit kommen, ähnlich wie nach dem Autogenen Training oder anderen Entspannungsverfahren.

Das Qi zum Ursprung zurückführen – Kurzversion

Sie stehen in Grundstellung, mit beiden Armen eine große, kreisförmige Bewegung ausführen (1), als ob Sie jemanden umarmen wollen, die Hände übereinander legen und zum Bauch zurücksinken lassen (2).

Welche Hand oben liegt, spielt im Moment keine Rolle. In einigen Schulen wird darauf Wert gelegt, dass Männer die linke Hand nah an der Bauchdecke liegen haben und Frauen die rechte. Probieren Sie aus, was Ihnen angenehmer ist.

Diese Bewegung mehrere Male wiederholen und dann die Hände vor dem Unterbauch ruhen lassen. Tief durchatmen und langsam wieder aktiv werden.

Das Qi zum Ursprung zurückführen – Langversion

Sie stehen in Grundstellung, und beginnen wie oben beschrieben mit einer weiten, umarmenden Bewegung, insgesamt dreimal zum unteren Zentrum. Danach sammeln Sie das Qi und führen es dem mittleren Zentrum zu, ebenfalls dreimal. Zum Abschluss der aufsteigenden Serie die Hände dreimal zum oberen Zentrum führen. Danach nochmals je dreimal zum mittleren und unteren Zentrum die Energie sammeln und das Ganze dann beschließen. Wenn Sie in der freien Natur üben, dann stellen Sie sich vor Sie sammeln bei diesem Abschlussritual sämtliche positive Energie Ihrer Umgebung ein und führen sie sich zu.

Zur Erinnerung: Das untere Zentrum liegt dreifingerbreit unterhalb des Nabels, das mittlere Zentrum auf Herzhöhe, zwischen den Brustwarzen und das obere Zentrum zwischen den Augenbrauen.

Was darf sein; was sollte nicht sein!

Nach Abschluss der Übungen werden Sie ziemlich sicher Reaktionen und Wirkungen an und in sich wahrnehmen. Nicht alle dieser Reaktionen sind erwünscht, in der Regel können sie durch eine achtsame, entspannte Übungsweise vermieden werden:
● Ihnen ist schwindelig, schlecht oder unwohl. Haben Sie während des Übens häufiger die Luft angehalten?
● Passiert Ihnen dasselbe am Morgen, dann nicht so tief stehen oder betont einsinken während der Übungen.
● Sie haben Kopfschmerzen, dann betonen Sie beim nächsten Mal sämtliche Bewegungen nach oben etwas weniger und seien Sie weniger angespannt.
● Ihnen schmerzen die Knie, dann achten Sie zukünftig auf das Dreieck: Ferse – Außenkante – Großzehenballen.
● Sie sind im Bereich der Schultern und des oberen Rückens verspannt, dann üben Sie mit weniger Kraftaufwand.

Woran Sie erkennen, dass Sie auf einem guten Weg sind:
● Sie durchströmt ein Kribbeln. Ist das für Sie angenehm ist, so ist es ein positives Zeichen.
● Sie haben warme Hände, warme Füße.
● Sie schlafen ruhiger und tiefer.
● Sie entwickeln ein Gefühl von mehr Energie und Kraft.
● Sie werden langsam ausgeglichener.

VOM STEHEN ZUM GEHEN: DER SPAZIERGANG DES ALTEN WEISEN

Als Einstieg in das Taiji quan können alle kleinen Formen des Qi Gong betrachtet werden, in denen der Übende vom Stehen zum Gehen kommt und sich durch den Raum bewegt. Neben Achtsamkeit und Konzentration fordern die Schritte Balancegefühl und Koordination. Dennoch breitet sich im Übenden ein Gefühl von Ruhe und Gelassenheit aus, vergleichbar mit einem Spaziergang durch einen wunderschönen Park oder einen lichtdurchfluteten Wald. Ihre Aufmerksamkeit ist zum einen nach außen gerichtet, Sie nehmen die Flora und Fauna intensiv wahr und genießen sie. Gleichzeitig entsteht tief in Ihnen eine große Ruhe und tiefes Wohlbefinden. Mit jedem Schritt lassen Sie Hektik, Anspannung und Stress hinter sich und genießen diesen kurzen

Moment des Einsseins mit sich und der Umwelt. Ganz unbewusst schöpfen Sie neue Kraft.

Stellen Sie sich vor, Sie stehen in einem Park, links und rechts des Weges wachsen duftende Blumen und Kräuter.

Die Füße so stellen, als wollten Sie sich den Blumen und Kräutern auf der linken Wegseite zuwenden.

Den rechten Fuß vom Boden lösen und zum rechten Wegrand ausgerichtet mit der Ferse aufsetzen. Den Oberkörper auch zu dieser Seite drehen (2). Im linken Bein etwas einsinken und sich mit aufrechtem Oberkörper nach vorn über das rechte Bein beugen (3).

Sie stehen auf dem linken Bein, das rechte Bein ist entlastet, der Vorfuß hilft etwas, die Balance zu halten. Die Hände hinter dem Rücken halten, aufrecht stehen (1).

Gleichzeitig lösen sich die Hände hinter dem Rücken. Mit einer weiten kreisförmigen Bewegung holen Sie sich den Duft einer Pflanze, atmen Sie ein und führen die Hände in Richtung Gesicht (4), gleichzeitig richten Sie sich wieder auf. Das Gewicht auf das rechte Bein verlagern und den Duft wieder an die Natur zurückgeben, indem Sie die Hän-

de nach vorn drehen (5) und wieder in einem Bogen hinter den Rücken führen, ausatmen (6). Nun wiederholen Sie die Übungsfolge zur linken Seite.

Zu beachten

Rechts: Knie nicht nach innen knicken

• Wenn Sie Kniebeschwerden haben oder dazu neigen, dann achten Sie darauf, dass sich das Knie des Standbeines immer über der Fußspitze befindet und nicht nach innen knickt.

• Achten Sie grundsätzlich darauf, dass Sie immer mit aufrechtem Rücken nach vorne gehen. Die Bewegung beginnt im Bauchnabel, der möchte zum Bein, nicht das Brustbein.

falsch!

ANHANG

Alter Rat, ganz aktuell

Nicht die teuerste Medizin ist die Beste, sondern die richtige.

Nicht die spektakulärste Übung hilft, sondern die, die der individuellen Bedingung entspricht.

Die Schwierigkeit liegt darin, beständig an einer Übung festzuhalten und die Übungsprinzipien zu verstehen.

Die Übungen sind so einfach wie das Essen:
Jeder kann essen, aber nur wenige verstehen alles von Nahrungsmitteln und Ernährung.

Das Problem liegt darin, dass der gewöhnliche Mensch, der nicht gleich eine Wirkung (bei der Pflege des Lebens) erzielt, es nicht weiter versucht.

Lehre des Xuan Yuazi
(ca. 700 n. Chr.)

Alles auf einen Blick

Entspannungsgymnastik
S. 55

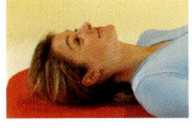

Stirn in Falten legen
Siehe Seite 56

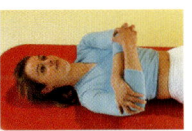

Kreisende Arme
Siehe Seite 57

Handflächen auf Augen
Siehe Seite 56

Beckenschaukel
Siehe Seite 58

Nickbewegung
Siehe Seite 57

Beine seitwärts bewegen
Siehe Seite 58

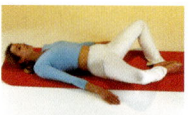

**Beine offen,
Beine gestreckt**
Siehe Seite 59

Tiefe Atmung
Siehe Seite 59

Haltungs- und Bewegungs-aspekte S. 60

**Mit beiden Beinen fest
im Leben: Verwurzelung**
Siehe Seite 63

**Aufrecht durch das Leben:
Aufrichtung**
Siehe Seite 63

**Aus dem Zentrum
entspringt die Kraft:
Zentrierung**
Siehe Seite 65

Alles im Fluss: Rundheit
Siehe Seite 68

**Entdeckung der
Entschleunigung:
Gleichmäßigkeit**
Siehe Seite 70

**Ballonfahrt zur Mitte:
Steigen und Sinken**
Siehe Seite 70

**Eine Blüte erwacht:
Öffnen und Schließen**
Siehe Seite 73

**Sieben vereint:
Bewegung in Harmonie**
Siehe Seite 76

Weiche Einstimmung S. 83

Räkeln und strecken
Siehe Seite 83

Handflächen reiben
siehe Seite 83

Hände kreisen
Siehe Seite 83

Arme aktivieren Siehe Seite 84

Körper abklopfen siehe Seite 84

Kniegelenke kreisen siehe Seite 84

Fußgelenke öffnen
Siehe Seite 84

Diaphragmen aktivieren siehe Seite 84

Übungen auf edlem Stoff – »Die Brokatübungen«
S. 78

**Mit den Händen den
Himmel stützen,
um die drei Erwärmer
zu regulieren.**
Siehe Seite 85

**Den Bogen nach rechts
und links spannen
und auf den Adler zielen**
Siehe Seite 89

**Milz und Magen stärken,
indem man die Arme
einzeln hebt**
Siehe Seite 94

**Nach hinten schauen und
fünf Krankheiten und
sieben Leiden vertreiben.**
Siehe Seite 97

**Mit dem Kopf nicken und
dem Schwanz wedeln,
um das Feuer aus dem
Herzen zu vertreiben**
Siehe Seite 100

**Mit den Händen die Füße
fassen, um Nieren
und Blase zu stärken**
Siehe Seite 105

**Die Fäuste schließen
und mit den Augen
funkeln, so werden die
Kräfte vermehrt**
Siehe Seite 110

**Siebenmal aus den Ballen
hochsteigen und auf die
Ferse fallen lassen,
um die 100 Krankheiten
zu vertreiben**
Siehe Seite 117

Literatur

Wenn Sie noch mehr wissen möchten:

Die nachfolgenden Bücher geben Ihnen einen vertiefenden Einblick in die Theorie und das Gedankengut und zeigen Ihnen noch andere schöne Qi-Gong-Übungen und interessante Osteopathie-Informationen.

Zur Vertiefung der theoretischen Inhalte

Grandjean, M.; Birker, K.:
Das Handbuch der chinesischen Heilkunde.
Joy. Sulzberg 1997.

Greenman, P.E.;
Lehrbuch der osteopathischen Medizin,
Heidelberg 1999

Pollmann, A.:
Fünf Wandlungsphasen in fünf Streichen.
Haug. Heidelberg 2001.

Weitere Praktische Übungen

Foen Tjoeng Lie:
Chinesische Naturheilverfahren.
Bassermann. Niedernhausen 1998.

Jiao Guorui:
Qigong Yangsheng.
Fischer. Frankfurt 2000.

Moegling, K.; Moegling,B.:
Tai chi chuan für Einsteiger.
Goldmann. München 2000.

Qingshan Liu:
Qi gong.
Hugendubel. München 2000

Tempelhof, S.;
Osteopathie. Schmerzfrei durch sanfte Berührung.
GU. München 2001

Wichtige Adressen

An diese Adressen können Sie sich wenden, wenn Sie zusätzlich unter fachkundiger Anleitung Qi Gong oder Taiji quan erlernen oder mehr über Osteopathie erfahren möchten.

Carl-v. Ossietzky- Universität
Geschäftsstelle PTCH
26111 Oldenburg
Tel.: 0441/7984703, Fax: 0441/194703.
johann.boelts@uni-oldenburg.de

Deutsch-Amerikanische Akademie für
Osteopathie (DAAO),
88316 Isny Neutrauchburg
Tel.: 07562/97180
Info@aerzteseminar-mwe.de

Deutsche Gesellschaft für Osteopathische Medizin DGOM
56154 Boppard
Tel.: 06742-80010

Deutsche Gesellschaft für Qigong
Yangsheng
Colmanstr. 9
53115 Bonn
Tel.: 0228/696004, Fax: 0228/696006
Qigong-yangsheng@t-online.de

Deutsche Qigong Gesellschaft e.V.
Monika Binder
Guttenbrunnweg 9
89165 Dietenheim
Tel.: 07347/3439, Fax: 07347/921806
contact@qigong-gesellschaft.de

Institut für Bewegungslehre und
Bewegungsforschung (IFBUB)
Am Ahlberg 10
34376 Immenhausen
Tel.: 05673/5967, Fax: 05673/5967
IFBUB@IFBUB.de

Kolibri-Seminare
Wielandstr. 37
22089 Hamburg
Tel.: 040/2276354, Fax: 040/2276368
info@kolibri-seminare.de

An diese Anschrift können Sie sich wenden, wenn Sie ärztliche Hilfe suchen im Zusammenhang mit TCM
Deutsche Ärztegesellschaft für
Akupunktur DÄGfA
Würmtalstr. 54
81375 München
Tel.: 089/7100511, Fax: 089/7100525
fz@daefga.de

Bestform für Körper und Geist

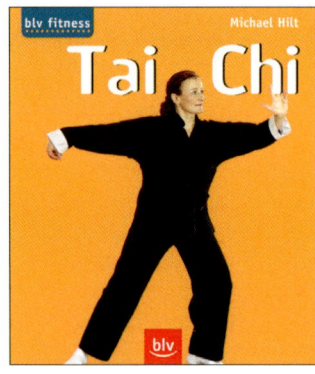

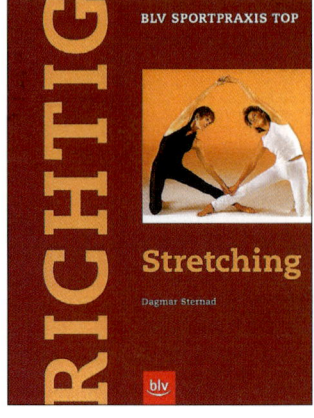

blv fitness
Michael Hilt
Tai Chi
Die Bedeutung von Tai Chi, Harmonisierung von Körper und Geist; 12 Tao-Übungen für Gesundheit und Wohlbefinden.

BLV Sportpraxis Top
Hans H. Rhyner
Richtig Yoga
72 meditative und kurative Asanas, Lebenskraft durch Yoga-Atmung, Yoga-Hygiene und -Diät, Übungsprogramme auf einen Blick, Yoga-Therapie.

BLV Sportpraxis Top
Andreas Schäfer
Richtig Judo
Erstmals vollständig und umfassend dargestellt: alle Techniken Schritt für Schritt in Wort und Bild; Judo-Geschichte und -Prinzipien; alle Fachbegriffe in Deutsch und Japanisch.

BLV Sportpraxis Top
Wolf-Dieter Wichmann
Richtig Karate
Ausrüstung, Gymnastik, Atmung und Kiai, Karate-Stellungen, Stoß- und Schlagflächen, Abwehr- und Angriffstechniken, Kumite-Formen, Jiyu-Kumite, Kampftechniken, Kata, Psychologie in Training und Wettkampf, Karate im Breitensport und bei der Selbstverteidigung.

BLV Sportpraxis Top
Dagmar Sternad
Richtig Stretching
Mehr Körperbewusstsein, bessere Atmung und Entspannung mit Stretching: Anatomie, Physiologie, Training, Übungen für alle Muskelgruppen.

BLV Sportpraxis Top
Kyong Myong Lee
Richtig Taekwondo
Geistiger und sportlicher Wert, Technik und Training, Grund- und Kombinationstechniken, Wettkampf, Kunstbewegungsformen; mit der aktuellen Wettkampfordnung.